胡雪岩传

桃花月球 著

作家出版社

图书在版编目（CIP）数据

胡雪岩传 / 桃花月球著 . —北京：作家出版社，2021.3
（2024.9 重印）

ISBN 978-7-5212-1290-7

I. ① 胡… II. ① 桃… III. ① 胡雪岩（1823—1885）– 传记
IV. ① K825.3

中国版本图书馆 CIP 数据核字（2020）第 270732 号

胡雪岩传

作　　　者：桃花月球
责任编辑：丁文梅
装帧设计：80 零·小贾
出版发行：作家出版社有限公司
社　　　址：北京农展馆南里 10 号　　　邮　　编：100125
电话传真：86–10–65067186（发行中心及邮购部）
　　　　　　86–10–65004079（总编室）
E–mail:zuojia@zuojia.net.cn
http://www.zuojiachubanshe.com
印　　　刷：唐山嘉德印刷有限公司
成品尺寸：152×230
字　　　数：139 千
印　　　张：14
版　　　次：2021 年 3 月第 1 版
印　　　次：2024 年 9 月第 6 次印刷
ISBN　978-7-5212-1290-7
定　　　价：38.00 元

目录

第三章　　纵　横

宦海沉浮，商场博弈。

阴谋藏在灰烬，诱惑怀着敌意。

风口上命运起伏，浪尖上弄潮追逐。

理性，激情，全力以赴，纵横捭阖成大局。

第四章　　鼎　盛

红顶戴，黄马褂。

豪宅华服，娇妻美妾。

他因发国难财被诟病，

却建造百年庆余堂成就不朽。

戒欺，仁义，诚信，

是非功过，任人评说。

Contents

第五章　倾　倒

曾经门前繁华，美酒女色，迎来送往，
岂料富贵难长久，昙花一瞬，
人生大厦倾倒。
然而，败局虽定，他犹荣！

引 子

关于赚钱，司马迁在《史记·货殖列传》中这样总结：

夫用贫求富，农不如工，工不如商，刺绣文不如倚市门。

意思是说，在赚钱这件事上，做农民不如做工人，做工人不如做商人。由此可见，商人是累积财富最快的职业。

在晚清历史上，有这样一位传奇人物，将赚钱之道玩出了境界，至今仍是商界绕不开的一环。

曾仕强推崇他的商业谋断，网友根据他的财富积累推断：如果那个时代也有福布斯排行榜，他一定位列榜首。

清代陈代卿在《慎节斋文存》里称他：

游刃于官与商之间，逐追于时与势之中。

此人便是"红顶商人"胡雪岩。

胡雪岩年少家贫，不过是个放牛娃；却中年逆袭，在短短数十年间，摇身一变成了大清两百多年以来最富有的商人，缔造了"北有同仁堂，南有庆余堂"的辉煌。

人们用这样一首诗，道尽了他的一生：

深院高墙梦幻堂，黄金屋里透凄凉。
商机涌处危机伏，官运通时霉运藏。
霹雳乍来红顶落，家财顿失黑纱扬。
几家富贵传三代？冰海沉轮只首航。

短短数语，写尽胡雪岩的人生激荡。

他开创了很多第一次：

他是中国历史上第一个与外国银行开展金融业务往来的人；

他是第一个获清廷特赐二品顶戴、赏黄马褂、准紫禁城骑马殊荣的人；

他也是徽商最具代表性的人物。

然而，"小富由人做，大富自天加"，成也胡雪岩，败也胡雪岩；辉煌是胡雪岩，一无所有也是胡雪岩。

时也？命也？运也？答案多重，也许都有。

张岱年在《中国伦理思想研究》中写道：

> 所谓命是经过主观努力之后，仍不可超越的客观
> 限制，必须尽人事，才能知天命，天命不是完全前
> 定的。

左右命运的，天赋是一部分，"身不由己"也是一部分。从逆袭到纵横，再到一败涂地，与其说是人生的悲剧，不如将其看作具有侧面意义的果实。

胡雪岩的成功也许不可复制，但解读他的人生，可以于其失败中，重拾对规律和秩序的尊重，服务后来者。

历史沉埋，商人的角色成就了胡雪岩的富有，让他于传奇的顶端被瞻仰。

时光走散，男人的角色成就了胡雪岩的担当，让他于生活的本身被赞叹。

而历经道光、咸丰、同治、光绪四朝，以及无数重大社会变革，使他如同一面时代的镜像，不可避免地将整个时代倒映在他的人生经历中，任后来人评说。

第一章　崛　起

一场意外，一次考验。

因为德行，他赚取了人生的第一桶金。

一次资助，一次战争。

因为眼光，他握住了财富累积的金钥匙。

一次依附，一次责任。

因为机遇，他踏上了官商双刃的荆棘之路。

一、遗　嘱

1

1918 年，严冬腊月，杭州，清河坊，元宝街。

夜半静谧，沉酣梦中的人们被尖锐的呼救声惊醒。

"走水了！"

火光冲天，映红了半边天。衣衫凌乱的人们慌忙地抄起水桶来到街上，原来大火是从"芝园"而起。

"芝园"是清河坊的神话，是曾经的首富胡雪岩为纪念其父亲建造的。其内亭台轩榭，皆为木质结构，最怕发生大火。为了以防意外，园内备有很多水缸。然而时值严冬，水缸结冰，失去了作用。精心打造的园林此时像加了油一样烧起来，火势冲天，难以遏制！

火光中，房屋摇摇欲坠，呼救声此起彼伏，一个老妇人铿锵有力地喊道："是我的人，跟我走！"

在她镇定的组织下，众人不再慌乱，有序撤离，几无伤亡。然而待到天光泛白，"芝园"早已面目全非，只剩轿厅一间！冻得浑身颤抖的众人顾不得尊卑有别，暂时搬入轿厅栖身。

安定之后，主持家务的老妇人叹息道："阿太去世的时候，也没有到如此地步，胡家真的是败了。"

这位老妇名叫戴泳霓，是胡雪岩的孙媳妇，她口中的"阿太"，便是胡雪岩。

胡雪岩育有三子五女，其中三子胡品三一房最为昌盛，加上有这位极有见地和主张的孙媳妇参与谋划，依旧延续着旧时风范。不但出了一名举人，还出了画家、教育家等多位人才。

诸人对三十年前胡氏悲剧的记忆，早已淡然模糊，唯有戴泳霓相当清楚。

见大家情绪低落，戴泳霓鼓舞他们说："真是时运！不过不怕，当年的阿太比你们还要惨，不是一样富可敌国？"

她很快恢复了精神，还将发生火灾的这一日——腊月十七，定为胡氏的"家难日"。

老妇人用简短的话语，勾勒出那位地位显赫的家族领导人的面貌：

"阿太是五短身材，个子不高的，属猴，祖籍徽州……"

白墙，青瓦，石板街，方天井，石牌坊……
时光拉远，如同一组慢镜头，胡雪岩由此登场。

2

道光三年（1823），胡雪岩出生于徽州绩溪湖里村，小名"顺儿"，为家中第三子。

当时的绩溪一带，土地贫瘠；又经流经此地的登源河冲刷，水土流失严重，以种地为生，生存艰难。但一方水土养一方人，徽州自古以来就流传着一句俗语：

前世不修，生在徽州，十二三岁，往外一丢。

从宋代开始，徽州人便开辟了一条沿用至今的"徽杭商道"。他们世世代代或沿新安浙西交界的山路，或由新安江源头顺流直下，前往杭州谋取生活。秉承着"居商海系儒术，近雅而稍轻薄""以诚待人、言行必果、临财不苟"的信条，形成了独特的徽商文化。

胡雪岩的祖父就是沿着这条古道走到杭州的徽商之一。

关于胡雪岩有这样一种说法，说他的祖上是"明经胡氏"的一支，爷爷是经营"沙船"生意的。

沙船是一种受水面积大、适合内河运输的船只，多在沿江沿海一带航行，获利丰厚，很受欢迎。

但是水运风险极大，往往是商号组成船帮，搭伙来做。遭遇天气意外或者海盗劫持，货物出现损失，大家一起承担；若货物成为市场稀缺，产生暴利，则大家一起分享。

据说胡家经过几十年的经营，也拥有了大船五艘。但是钱容易使人滋生欲望，为了谋求暴利，胡雪岩的祖父走上了歧路，他破坏了船帮的规矩。

一次，胡家遭到了海盗打劫，人船尽毁，货物悉数被抢。因为是偷运私货，自然无人伸出援手。胡家只得变卖家产，偿还债务，赔光了家底。胡雪岩的祖父也在懊恼和失意中，离开了人世。

胡雪岩的父亲胡鹿泉被迫回到了家乡，靠种地养活一家人。

胡鹿泉是一个有远见的人，他粗通文墨，头脑灵活，深知以耕田为生，致富很难。因此，在耕作之余，他像自己的祖辈一样，往返于蜿蜒的"徽杭古道"。

胡鹿泉有着自己的规划，他努力做小生意积攒财富，坚持送自己的孩子进入私塾读书，梦想着知识改变命运。他对生活的展望和为生活打拼的倔强，深深影响着胡氏兄弟。

胡鹿泉曾找算命先生给子女算命，在看过胡雪岩的面相及生辰八字后，算命先生对胡鹿泉说："其他人的命运平常，唯独雪岩命运清奇，卦象上说利于向东行，要到有'阜'且止于'水'的地方，二十七岁必有奇缘。"胡鹿泉因此对胡雪岩寄予厚望，渴望其能光宗耀祖。

然而，希望美好，变故丛生。

道光十年（1830），天降大雨，冲毁了胡雪岩家的房屋和田地，让他们一家人的生活陷入了绝境。

因为贫寒，他们连修订家谱的"谱捐"都交不起，以至于后人想从族谱上找到胡雪岩的名字都成了奢望。这也让胡雪岩的籍贯成了他人生的未解之谜之一，是否出身绩溪受到质疑。胡雪岩对此事一直耿耿于怀，立志要出人头地，荣耀门楣。

为了减轻父母的负担，八岁的胡雪岩不得不辍学回家，代人放牛，但胡雪岩一家人的生活并没有就此好转。在胡雪岩十二岁这一年，他的二哥胡光鼎夭折了；紧接着，父亲胡鹿泉的生意也出现了问题，生活更加困顿。

在精神和物质的双重打击下，胡鹿泉染病在床，奄奄待毙。时日无多的人，通常会很不甘心。思来想去，胡鹿泉认为胡雪岩天赋最高，便留下了一段遗嘱。

胡雪岩的孙子胡亚光在《安定遗闻》中写道，祖先胡鹿泉把胡雪岩叫到床前，对他说："欲兴吾家，其唯顺儿乎。吾私蓄二千五百余金，今悉以赐顺儿，使顺儿将来有十而百、百而千倍之利益，则吾亦瞑目矣。"

胡雪岩跪在父亲床前，泪流满面。这份嘱托太重大了，他又难过，又不安："父亲这是把一家人的命运放在了我的肩膀上啊！我能行吗？"

然而，命运没有给胡雪岩思考的时间，胡鹿泉去世了。

二、品　行

1

在将父亲入土为安后，胡雪岩主动退学，帮助母亲金氏赚取一家人的生活费。

胡雪岩的母亲金太夫人是一位家道没落的小姐，知书达理，坚韧自强，很会教育孩子。虽然胡鹿泉去世比较早，但胡雪岩兄妹几人却没有因为无人管教走上歧路，反而在母亲言传身教的影响下，具备了很多优秀品行。

有人说，品行是人所能拥有的真正的财富，它会在非常重要的时刻发挥作用，甚至改变一个人的命运。

据《绩溪县志》记载，当时胡雪岩给好多人家放牛。有一天，胡雪岩去放牛，在路亭休息时，意外捡到了一个蓝布包袱。

一开始，胡雪岩没敢动这个包袱，因为母亲曾经告诉他，不是自己的东西一定不要碰。既不能贪财，也要对他人遗失的物品给予尊重。

　　胡雪岩拿着包袱，四处张望，寻找失主。但是过了很久，也没有人来取这个包袱。胡雪岩猜测可能是过路的客人丢失的，他决定打开看一下。不看不要紧，这一看让胡雪岩惊呆了。包袱里除了衣服，还有一个钱袋，里面装满了沉甸甸的银锭，价值不菲。

　　对于贪婪的人来说，意外之财可能会让其欣喜若狂，想要据为己有。但是胡雪岩家教严格，在打开包袱后，他的第一反应是："如此重金，应该关系极大，我要在这里等失主。"

　　于是，他将包袱藏在草丛中，让牛在附近吃草，自己则观察来往的客人，等候前来寻回包袱的人。

　　有心等人，人却不来，一个时辰过去了，两个时辰过去了，失主还没有来。胡雪岩又焦急又紧张，如今天色渐晚，他怕携包袱走掉，会被人怀疑偷窃；又担心万一失主有要紧的事情等着用钱，自己带走了，会给他人带来意想不到的灾难。

　　思来想去，他觉得等在原地才是最好的办法。

　　功夫不负有心人，在太阳快落山的时候，胡雪岩看到一个面色焦急的路人走进了刚才自己捡到包袱的路亭。他围着路亭转来转去，好像在找东西。

　　为了确定失主身份，胡雪岩并没有急于把包袱交给来人，而是先行上前询问："您是不是丢了什么东西？"

失主很惊讶："是的。"

胡雪岩请他详细描述丢失的物品，由此做出判断，包袱就是来人的。于是，胡雪岩从草丛中取出蓝布包袱，还给了失主。

这位丢了包袱的人姓蒋，是大阜杂粮店的老板，在此休息时丢了银子，幸亏胡雪岩拾金不昧，才免除了这场意外之失，他因此对胡雪岩甚是感激。

胡雪岩听到感谢的话后，连忙说道："捡到东西归还失主，是做人的基本原则，您不要太在意。"

蒋老板听后很是赞叹。他走南闯北，阅人无数，通过胡雪岩的言谈举止，他判断这个孩子的才智和人品都是一等一的。胡雪岩有恩于他，又是可造之材，于是他对胡雪岩说："放牛不是长久之计，你可有意向到我的粮食行做学徒？"

胡雪岩非常惊讶，他没想到偶然间的行为会为自己带来这样巨大的机遇。想到自己面临的人生困境，他强烈地意识到这是一次改变命运的机会。但是，胡雪岩并没有因为机遇难得而忘了本性，他很坦诚地对蒋老板说，虽然父亲去世了，但是母亲尚在，所以想回家跟母亲商量一下再做定夺。

百善孝为先，百事孝先行，有孝道的人一般不会差到哪里去，蒋老板听后更是赞赏不已。他留下了自己的地址，并承诺无论胡雪岩何时去找他，他都会欢迎。

2

奇遇不常有，未来却可期。

目送蒋老板离去，胡雪岩牵着牛走在回家的路上，他既欢喜又忧愁。回到家后，他忐忑不安地将自己今天的经历告诉了母亲。他做好了被母亲否决的准备，毕竟是一个陌生人的承诺，谁知道结局如何。

没想到金太夫人和蒋老板的价值观相同，认为好男儿志在四方，在农村放牛前途渺茫，这次偶遇或许就是机遇。与其在闭塞狭小的山村蹉跎岁月，不如跟着蒋老板做学徒，到更广大的世界去闯荡一番。

胡雪岩对母亲感激不尽，他立刻收拾行装，准备前去投奔。

石板路，白墙头，徽杭古道上，胡雪岩和母亲以及兄弟姐妹依依作别。他沿着祖父、父亲的足迹，一步一步地走出了绩溪。

道光十六年（1836），十三岁的胡雪岩结束了放牛娃的生活，正式进入杂粮店做了学徒。

一面之交时，蒋老板赏识了胡雪岩；近距离接触后，他发现胡雪岩是一块不可多得的经商材料。恩情加上认同，蒋老板对胡雪岩非常照顾，名义上让其在店中做徒弟，实际上处处优待，经常带他出去办事，提点他。

胡雪岩的认知由此发生了天翻地覆的转变，他开始接触商业活动，并且学着用商业的眼光看待问题，逐渐形成了自己的价值体系。

胡雪岩是一个非常有心的人，对于蒋老板的栽培，他很是感激。他知道蒋老板这是以恩情待他，便坚守母亲的教诲，不以恩人自居，反而处处低调，任劳任怨，早起晚睡，比店中真正的伙计还要勤奋。不但服侍蒋老板十分尽心，对待蒋老板生意上的朋友也是竭尽心力地真诚以待。

白驹过隙，时光飞度，一晃之间，胡雪岩来大阜已经近三年了。他长高了，也长胖了，思想和行为也更加成熟。就在他以为自己一生都要与杂粮这个行当紧密联系在一起的时候，命运给他带来了另一场改变。

一位金华的刘姓客商来谈生意时病倒在大阜的旅店。"人有旦夕祸福"，生意没谈，人却病倒了，举目无亲，进退两难，刘老板唉声叹气、情绪低落。心理负担一加重，病情也恶化了。

胡雪岩随蒋老板与金华来的客商有所接触，他听说此事后，非常同情刘姓客商的遭遇。出门在外，谁都有可能遇到不测风云，推己及人，胡雪岩做出了一个决定——前往旅店照顾金华刘老板。

胡雪岩的到来，让刘老板深感意外。落难之时遇见这样真诚的人，他不由得感激涕零。

胡雪岩一面给刘老板端汤侍药，一面在心理上疏导他，为他跑前跑后，忙里忙外。

得此照顾，刘老板慢慢康复了。他真诚地对胡雪岩说："我是金华火腿行的老板，看得出来，你不但人品好，智慧也超群。人往高处走是常态，大阜不过是个小城，你岂能在此埋没一生？如果可以，我想让你到金华发展，你愿意吗？"

胡雪岩听后很意外，他没有立刻答应刘老板的邀请，而是沉思了一下说："您的盛情我很难推却，但这不是我能做主的。我是蒋老板的徒弟，蒋老板待我恩重如山，有再造之恩，我必须问过他后才能做决定。"

刘老板听后点头赞叹："真是至诚至信之人！"

于是，刘老板主动找到蒋老板，说明胡雪岩照顾自己的事情，并提出了让其跟随自己、前往金华发展的想法。

蒋老板听后并没有恼怒，反而将自己与胡雪岩结缘的经过告诉了刘老板，并且极力推荐胡雪岩前往金华，声称这是胡雪岩的福报，自己绝对不会阻拦。

去留问题又被蒋老板推了回来，胡雪岩很纠结。金华火腿行肯定比杂粮店更具发展前途，但蒋老板对自己非常好，就这样离开，他心中有愧。但在听了蒋老板一番掏心窝子的话后，胡雪岩觉得自己不能辜负这份好意。

机不可失，时不再来。思量再三，胡雪岩忍痛辞别蒋老板，前往金华。

三、机　遇

1

道光十九年（1839），十六岁的胡雪岩正式加入金华火腿行做了学徒。金华是古婺州的所在地，生产火腿的历史相当悠久，甚至可以追溯到唐代。唐人陈藏器在《本草拾遗》中写道：

　　火腿，产金华者佳。

火腿真正盛行是在宋代，因此很多关于金华火腿的传说，都与宋代有关，比如金华火腿的起源就与抗金名将宗泽有关。

宋朝末年，金兵进犯，义乌的父老乡亲将自己腌制的咸猪肉，送给大将军宗泽作为军粮。长途跋涉中，猪肉因为经过了长时间的腌制发酵，居然有了另一种风味。其味道奇香，让人垂涎。宗泽将其中的一部分作为礼品献给了皇上。宋高宗大赞咸猪肉的美味，见其色泽火红，赐名为"火腿"。因其产地当时统一归金华府管辖，故取名"金华火腿"，宗泽也被尊为金华火腿行的祖师爷。

入行之后，胡雪岩深深体会到了什么叫隔行如隔山。不同的生意有不同的门道，粮食行和火腿行有着本质的不同。粮食行业赚取的是差价，囤积的是商机。火腿行业的重心在于品质，讲究味差一毫，差之千里，对制作加工的工序把控严格。

金华火腿又称"兰熏""烟蹄""熏蹄"，以独特的"两头乌"猪肉为原材料，以"色、香、味、形"四绝著称于世。想要制作出好火腿，不但腌制分季节，腌制不同的火腿需要的原材料、腌制的方法也不尽相同。入火腿行的胡雪岩眼花缭乱，根本摸不清门道。他小心翼翼地周旋于各作坊之间，生怕因疏忽酿成错误，对带徒的师傅很是尊重，和师兄弟相处也极其和睦。

火腿这一行，最考验的就是人的定力和眼力。按照惯例，火腿腌制成功后，要按火腿的优劣给火腿分级。把握火腿腌制的分寸不容易，通过眼睛分出火腿的优劣更不容易。

一条腌制好的火腿，根据肉质分为"火爪""火蹄""上方""中方"和"滴油"五个部分。上方肉质细腻，咸淡适宜，是整个火腿的精华部分。"中方"仅次于"上方"，但含的骨头较多。"火蹄"是蹄髈的部位，处在上部，味道偏淡。"火爪"处于猪蹄位置，皮骨较多，难入味。"滴油"处在最底部，盐分、油脂都聚集在此处，故味道偏咸。

分级的时候，师傅会拿一根特殊的竹签，采用"三签香"的方式，分别扎在火腿的膝关节（琵琶头）、髋关节（腰峰）和髋骨中部。戳一处，抽出闻味；再戳一处，再抽出闻味。如果三签味道统一、芳香均匀，才算上等。细节的把握里，是经验的累积，是气定神运。这种功夫不是一日能练成的，常看得胡雪岩心驰神往。

胡雪岩之所以能发迹，与三件事密不可分：一个是为王有龄和左宗棠筹集粮食，一个是通过送礼结交官员，一个是开连锁钱庄。

第一件事与他做蒋老板的学徒有关，后面两件事皆与他在火腿行的经历密不可分。

在金华火腿行，胡雪岩见得最多的就是送礼的人。金华火腿品质优等，是绝佳的礼品。

送礼是一门学问，与人生的机遇关系紧密。如何挑选礼物，如何投其所好，都是需要花心思考虑的事。火腿行每天都要与送礼的人交往，很多实操性的东西，对胡雪岩产生了潜移默化的影响。

胡雪岩曾这样描述送礼的精髓："最好的礼物，一定是别人求之不得的东西。"

给手下送礼，胡雪岩是这样做的。

每到年底，给手下发福利，必发火腿。火腿是淮扬菜中最常用的食材，过年过节家家必备。发火腿给手下，一方面意味着红红火火，一方面彰显自己不忘初心。胡雪岩会将火腿一分为三，将"上方""中方"送给手下，将剩余的部分留给自己。

在那个时代，只有有钱人才吃得到上等火腿，胡雪岩让自己的伙计享受这种待遇，这种尊重，是员工求之不得的。同时，虽然这个细节非常微小，但其中渗透着胡雪岩的经营理念。

胡雪岩始终坚持"先做人，后经商"的原则，非常注重建立与他人之间的信任关系，让大家心甘情愿地满怀热情地工作。大家都知道火腿的哪个部位最好，如此将大"利"让于人，自然在潜移默化中赢得了大家的真心。

给上级送礼，是胡雪岩送礼的重中之重。对此，他掌握了四个要素：能隐蔽送礼的绝不公开，能够送大礼的绝对不送小礼，不投心意的礼物绝对不送，能够割舍的礼物绝对不私藏。

浙江藩司麟桂调任江宁藩司，有意让自己的亲信向胡雪岩透露了一下口风。胡雪岩得到一个重要信息，麟桂在浙江任上有两万两银子的亏空。于是，他悄悄地把这笔款项补上了。

胡雪岩的弟弟胡月乔后来也跟着胡雪岩经商，胡雪岩经常教育胡月乔说："做生意的人送礼，要么不送礼，送礼必须吓人一跳。"

在胡雪岩娶三姨太的时候，胡月乔就给自己的哥哥送了一份大礼。他雇了七八个人，将自己所有的家私兑换成了黄金，挑到了哥哥家里。

胡雪岩点头赞叹，然后笑着说："你所有的钱都不及我财产的十分之一，还是拿回去吧！"既肯定了弟弟的诚意，也将哥哥的体谅回赠给了弟弟。

二人一起创业，胡氏自此兴盛。

2

见惯了礼尚往来、物欲横流，也激发了胡雪岩赚钱的欲望。

火腿行的买卖做到了外地，与钱庄的来往频繁，胡雪岩因此发现了一件令他惊讶的事情。这些来往的交易，并不像他曾经认为的那样，带着大宗的银两来回押运，而是把数目写在一张叫"银票"的纸上，然后去钱庄兑换。

之前，胡雪岩在粮食行做学徒的时候，对"银票"虽有所耳闻，却没有真正见过。如今亲眼见证单凭一张纸，就能完成交易，胡雪岩很是惊喜，如果能够参与这种交易，发财应该不难！

清代的流通货币是白银。白银在流通中有很多缺陷，比如携带大量的白银有诸多不便；比如有些人在白银中掺入其他金属私自铸造，使得在交易时要对白银的成色进行鉴定……钱庄和票号便是在这样的情况下应时而生的。

钱庄诞生于江南，票号诞生于山西。钱庄比票号出现得要早一点，大约在乾隆年间；第一家票号正式上线，则在道光初年。钱庄和票号都是专营银钱汇兑、存放款业务的私人金融机构，明显的区别在于，钱庄更多地服务于本地，票号却是服务全国。

中国第一家票号——日升昌的前身是山西李氏的颜料行，颜料行的东家李氏聘用雷履泰为经理将自己的颜料行转为票号。之后日升昌不断壮大，在全国各地开设分号，一跃成了票号界的大哥。

鸦片战争后，签订了不平等的《南京条约》，清政府需向英国赔款两千一百万两白银。当时国库空虚，赔款是由各省缴纳的税款拼凑完成的。大宗白银的押运成了令清政府头痛的难题，日升昌的掌柜雷履泰主动请缨，承担了资金运输的任务。

胡雪岩接触钱庄、认识银票，恰恰是在票号为清政府押运白银事件前后。这也许就是后来胡雪岩借鉴票号的运作模式，在全国各地开设钱庄分号，将其经营为跨地区的金融机构的诱因。

当胡雪岩看到票号钱庄只需要在自己印制的独特票据上写上数字、盖上自己的独家印章就可以当成货币四处通行时，那种从心底而生的惊喜，促使他一定要改行。

从钱庄伙计那里胡雪岩了解到，钱庄用徒非常严格，一般通过保举才能进入，并且进入的人员一定要人品过硬、素质过硬。

钱庄最需要两种人才，一种是字写得漂亮的，一种是会打算盘算账的。想要跳槽，就要有本事，胡雪岩因此开始苦练书法和珠心算，只用了一年的时间，他就成了不用算盘也能快速计算的人才。

在与杭州钱庄核对火腿行的账目的时候，胡雪岩集中全部精力默默测算，竟比打算盘的钱庄伙计还要快而准确地将账目理清。钱庄伙计对此大为惊异，将此事作为奇谈在钱庄谈论。

钱庄的于老板在与金华火腿行的刘老板交谈时，对胡雪岩也是大为赞赏。刘老板听后非常高兴，将胡雪岩因为拾金不昧进入粮行做学徒、自己在大阜病倒时得到胡雪岩照顾的事情讲了一遍。

于老板听后非常惊喜，便对刘老板说："胡雪岩是个不可多得的人才，我们钱庄恰恰需要这样人品和业务能力都过硬的人。我能不能请求刘老板忍痛割爱，将胡雪岩让给我呢？"

水往低处流，人往高处走。刘老板想起当年带胡雪岩来金华时的场景，真诚地对于老板说："让胡雪岩自己做决定，他愿意跟你走，我绝对不会阻拦。"

胡雪岩因为品格遇到了两位贵人，这些贵人为自己带来了两次机遇。当胡雪岩听说钱庄老板来挖掘人才的消息时，他很坦诚地和刘老板表达了自己想要去钱庄做学徒的愿望。

道光二十二年（1842），胡雪岩成功地进入了阜康钱庄，完成了第三次人生蜕变。

巨大的惊喜伴生巨大的挑战。据《杭州金融史》记载，钱庄学徒的学制是三年，一般拜经理为师傅，每天要工作十二个小时以上，非常辛苦。

学徒要从最基本的打杂开始，做杂工、学账务、打算盘、跑外勤、听指挥。不但要给老板倒夜壶、给伙计同伴打水，还要接受业务上的严格训练，熟悉钱庄各部门的运作流程和基本的规章制度。师傅则根据徒弟在这三年里的表现，判断他能力的强弱，决定他今后的出路。

钱庄大体分为内场、外场、信房、库房。胡雪岩每天早晨起来要先把钱庄内外的铜招牌擦得透亮，而后清理内务，打水扫地。待大家正式上班时，他则在钱庄内坐庄，背诵歌诀，练习用眼力甄别白银的成色。

坐庄的时间是一个月。期满后，当其他师兄弟到杭州城内游玩放松时，胡雪岩却没有离开钱庄半步，他仍老老实实、勤勤恳恳地钻研业务，这样的举动得到了师傅的夸奖。

为了考验学徒们的诚信，师傅有时会故意把银圆丢到地上，暗中观察徒弟捡到后的反应。交上来的人被默默记录在册，据为己有的人也就在无声中被取消了进阶的资格。胡雪岩非常珍惜进入钱庄的机会，坚守本分，不贪财，不多事，还常常做很多额外的工作。

在汪康年的《庄谐选录》中记载了这样一个故事：

胡雪岩责任心非常强，就睡在钱庄的柜台上。有一天晚上，他听到动静后叫醒众人，果然逮到了一个小偷。

小偷磕头如捣蒜："我穷困潦倒，为了生活才做这样苟且的事情。不料刚进门，就看到一个金面神卧于桌上，我被吓坏了，哪里还敢偷东西。请各位高抬贵手。"

伙计们听后就将小偷放了，并因此对胡雪岩刮目相看。

故事虽然不一定真实，但胡雪岩确实在钱庄发迹了。

四、应 变

1

时间过得很快，胡雪岩师满，成了钱庄的正式员工，并到"外场"去"跑街"，历练人生。

"跑街"主要从事的是联络客户、放款和兜揽存款的任务。与人打交道，最能磨炼人。人心难测，什么事都能遇见，需要很强的应变能力。能够将此事做得出类拔萃的人，大部分都成就斐然。

比如，慈禧太后逃亡时，山西票号年仅二十六岁的"跑街"贾继英，就因为非常有眼光地分析了时局，主动捐献白银三千两，成了俊杰。

"跑街"带来的挑战和机遇，磨炼了胡雪岩的意志，让其受惠一生。

胡雪岩后来能到上海帮左宗棠筹备粮饷、到外国银行贷款、在十里洋场鱼龙混杂的地方生存，都与年少时这段"跑街"的经历分不开。

此时的大清经过鸦片战争的洗礼，被帝国主义国家要挟签署了很多不平等的条约，割地赔款，财政空虚。为了充盈国库，清政府公开卖官鬻爵，很多为富不仁的人借机上位成了官员；此外，朝廷还不择手段地搜刮老百姓，苛捐杂税多如牛毛。

国家战乱，百姓普遍缺钱，于是很多人向钱庄借贷。但是借贷容易，要账却如同要命，开展业务很难。胡雪岩不得不广交朋友、拓展人脉，绞尽脑汁地想办法留住客户，又要确保把放出去的钱收回。

有一次，胡雪岩放出了一笔款，贷这笔款的人名叫蔡厚仁。蔡厚仁称自己在上海有亲戚，后台很硬，想要借机捐一个官当当，无奈手头银两欠缺，只好暂时请钱庄周济。有顾客上门，胡雪岩自然认真办理。

钱庄在往外放贷的时候，也会综合考虑贷款人的还款能力。蔡厚仁有后台、有门路，胡雪岩认为，钱可以收回来，便应许了这笔贷款，还加贷了一年的生活费。

不久，蔡厚仁果真捐官候补知县，但却一直没有放实缺；并且此人整日花天酒地，找他还贷款时，他就打哈哈说续贷，一直等了三年也没有还贷的意向。

钱庄每年都要盘点自己的客户，不还款的要加息，还要对一些老赖防患于未然，尽量想办法把钱要回来，减少损失。如今蔡厚仁已经借贷三年，仍没有归还，很有向老赖这方面发展的意向。胡雪岩非常着急，如果这笔款项要不回来，自己的事业肯定会受影响。思来想去，他决定先去摸一下蔡厚仁的底，如果有还款能力，那就问题不大，费些口舌倒是不怕。

结果不打听不知道，一打听吓一跳。原来此人所谓的后台，不过是个远房的亲戚，能不能给他助力还是两说。唯一值得欣慰的是，蔡厚仁有个知道自己儿子德行的老娘，她生怕自己的儿子花钱大手大脚，将来吃不上饭，就偷偷存了一笔钱。另外，蔡厚仁还有个嫁妆优厚的老婆，还款问题不大。

胡雪岩将自己调查到的信息和老板说了，并且建议走官方渠道，吓唬一下蔡厚仁。非常之人，只能用非常手段。他献计买通了衙门里的几个捕快，趁蔡厚仁出门时和钱庄的人一起上门讨债。

民怕官纠，蔡厚仁的老婆哪里经得住这样的敲打，第二天就拿出自己的嫁妆，让蔡厚仁来还款了。

胡雪岩不是一个苛刻的人，在"跑街"的过程中，他看尽人间百态，内心透彻。不同的人要不同对待，对弱者需用善、无赖需用智、强者要比他更强。

有一天，胡雪岩外出办事。在码头，他看到一个卖鱼的小哥，围观的人不少，却很难卖出。胡雪岩连续走了几个来回，见卖鱼小哥面带愁容地守着鲜鱼，不由得心生怜悯，于是上前询问说："你可是在为鱼滞销发愁？"

卖鱼小哥见有人来，先是高兴，随后失落。在胡雪岩的一再追问下，他才说出原委。原来卖鱼小哥的爹爹腿脚不灵便，每日打鱼不多，为了多卖些钱，便让卖鱼小哥不要随便还价。

胡雪岩听后，笑着说道："自古以来，做生意就要讨价还价。如今你不让讨价还价，自然很难卖得出去。这样吧，我给你出个主意，你等我一下，我办事回来，帮你把鱼卖掉，并且不会让你亏钱。"

当时胡雪岩是去都统衙门办事，在与账房先生交谈时顺便说道："我有个亲戚是打鱼的，每日都能打得鲜鱼数尾，我想请先生卖个人情给我，让都统大人尝一尝，可否行个方便？"大家都是生意人，日后还有交往，账房先生便同意了。他让胡雪岩推荐的人提供几天鱼，如果确实好，价格不是问题。

因为卖鱼小哥提供的鱼质量确实好，深得都统大人喜爱，他的鱼再也不愁卖了。他非常感恩，特意到钱庄感谢胡雪岩的仗义。

胡雪岩的行为深得钱庄老板赞赏，因为钱庄讲的是名声，名声好，生意才会兴隆。胡雪岩看似举手之劳的行为，在无形中给钱庄赢得了好名声。

日久见人心，得道者，天助！在进入阜康钱庄七年后，胡雪岩再次迎来了人生转折。

2

　　道光二十九年（1849），二十六岁的胡雪岩拥有了自己的第一桶金。

　　《安定遗闻》中是这样记载的：

　　　　先曾祖光墉公，字雪岩，少式微，不暇攻诗书。学贾于阜康钱庄，肆主于姓，无子，家公勤敏有胆略，颇器重之。疾革时，招公至榻前曰："君才识百倍于吾，吾肆虽小，好为之不患无用武之地。"即以全肆赠之。

　　阜康钱庄的于老板没有子女，经过和胡雪岩几年的接触，于老板发现这个年轻人不但人品卓越，而且非常有生意头脑。想到自己的钱庄无人继承，他便把胡雪岩当作接班人来培养。

　　于老板弥留之际，把胡雪岩叫到身边，对他说："你的才干比我高百倍，我的产业不大，但若好好利用，会有用武之地。"

　　于是，于老板将自己的家业交给了胡雪岩。

　　于老板深知钱财过多，利弊参半，在馈赠之余，也预料到了胡雪岩的未来，便留下了这样一条训诫："你命中有好也有坏，愿你今后多做好事，多积阴德。希望你能学我，勤奋积财，不要像石崇，因财得祸。"

没想到竟一语成谶。胡雪岩拥有了崛起的资本，也因此走上了一条不归路。

除了胡雪岩后人的这份明确资料，其他史料中，并没有明确的关于胡雪岩发迹过程的记载。经过流传，还有几个版本的发迹史备受关注，最为流行的是胡雪岩馈赠王有龄白银五百两。

据说，胡雪岩是在道光二十八年（1848）结识的王有龄，他当时正在信和钱庄做学徒。

当时胡雪岩给信和钱庄"跑街"拉客户，在收放贷款的间隙，为了获取第一手资讯，常到茶馆喝茶听书，听听大家都闲聊些什么。在茶肆，胡雪岩偶然结识了王有龄。当时王有龄因为父亲客死他乡，前途没有着落，满面愁容。胡雪岩发现后，便上前与之交谈。在交流中他发现，此人谈吐非常，不是池中之物，于是将自己收来的五百两银子馈赠于他，助他寻找机会。

王有龄经此奇遇，等同绝处逢生，对胡雪岩很是感激，于是和胡雪岩喝酒谈天，义结金兰，成了知己好友。

二人像很多演义小说中描写的那样，洒泪分别后有了不同的境遇。胡雪岩因私自挪用信和钱庄的钱被开除了。王有龄却巧合地路遇自己的同学何桂清，很快补了实缺，调任杭州。于是情势逆转，王有龄上任后做的第一件事就是找到胡雪岩报恩。得知好友因为自己被误解，便拿出钱来帮胡雪岩开了钱庄，胡雪岩由此发迹。

杭州是龙井茶的故乡，茶文化相当悠久。王旭峰曾据此创作了《茶人三部曲》，描绘了清末茶行的众生相。因此，胡雪岩去茶楼品茶，可能真实发生，但与王有龄在茶肆结交就是子虚乌有了。

据《清史稿》记载，王有龄出身于官宦世家，不太喜欢八股文，只喜欢书画作品。他的父亲知道他通过科举考试取官无望，便早早地为其安排了出路。王有龄十七岁的时候，随父亲前往云南，入幕府衙，打理文书。

道光十四年（1834），王有龄的父亲借官府放出的捐官缺口，为王有龄报捐了盐大使。

道光十九年（1839），王有龄顺利补了实缺，于道光二十一年（1841）就任浙江新昌县的县令，之后一直在浙江周边任职。

道光二十九年（1849），王有龄的父亲抱病去世，王有龄便回到了老家福建，为父亲守制，直到咸丰元年（1851）才回到浙江，调任湖州府，随后补任杭州府，做了江苏按察使、布政使。

所以胡雪岩赠送银两让王有龄买官的事情，有待商榷。

王遂今在《"红顶商人"胡光墉（雪岩）兴衰史》一文中也对此提出了异议，同时引述了蔡冠落在《清代七百名人传》中记载的另外一个版本的胡雪岩发迹史。

这个版本认为胡雪岩当值钱庄时，曾有一位湘军军营的官员称军中缺粮，前来借贷两千两，以鼓舞军中士气。如此巨额的贷款，按照规定应与老板商量一下。但当时老板外出了，胡雪岩便私自做主放了这笔贷款。老板听说此事后极为恼怒，将胡雪岩辞退。

因为是被开除的，再找工作非常难，一时间，胡雪岩穷困潦倒。巧合的是，在他于江边踯躅时，偶遇了借贷的军官。交谈之下，军官得知胡雪岩因为自己被开除了，很是过意不去，于是给了胡雪岩十万两银子，让他以此为资本创业。

关于胡雪岩的发迹史疑云虽多，但有一点可以确认，那就是胡雪岩的发迹与他对人脉的悉心经营密不可分。这种处事方式，也在胡雪岩未来的人生中产生着说不清的影响。

胡雪岩"跑街"的那几年，恰是清政府最为衰败的几年。通过拉客户，胡雪岩一定洞察了晚清官场的很多黑幕，也看到了官商结合带来的巨大经济利益。所以，拥有了钱庄的话语权后，胡雪岩做的第一件事就是结交官员，找到靠山。比如，投王有龄所好，借助一些机缘，与之绑定成相互利用的关系，结交也就顺理成章了。

五、借　势

1

道光三十年（1850）正月，道光皇帝去世，咸丰皇帝继位。新旧政权交替，民心格外不稳，社会越发动荡。远在广西桂平县的洪秀全借助"拜上帝教"，发动了晚清历史上规模最大的一次农民起义。

迫于这样的时局，咸丰皇帝派九门提督塞尚阿为钦差大臣，前往广西剿匪。但是叛军势力强盛，未能遏制。咸丰元年（1851）九月，太平军攻陷永安，分封建制，成了清政府的心腹大患。

社会局势动荡，波及士农工商，社会活动受到了巨大冲击，商业发展瞬间萎靡。胡雪岩接手阜康钱庄后，生意非常惨淡，这让他非常懊恼。执掌一个企业，责任重大，为了企业发展和员工的饭碗，胡雪岩开始思索该用何种方法带领团队在乱世中求生。他冷静地分析了自己的优势和劣势，决定在和官员合作上做文章，适时地抓住机遇，寻求突破。

《安定遗闻》中记述了这样一件事：胡雪岩刚接手阜康钱庄不久，钱庄就来了一位姓敖的四川客人。这位客人当时在萧山县署当幕僚，急需兑换五百两银子。他几乎走遍了杭州城中的大小钱庄，但均因银子成色不足、银质低劣被拒。

敖幕僚在吃了几次闭门羹后很是沮丧，他又来到阜康钱庄。

胡雪岩拿着这五百两银子，认真鉴别后说道："您不用担心，此乃上等实纹，可兑换。"

既然其他人都不兑换这五百两银子，那就说明银子肯定存在问题，但是胡雪岩看到的却是这位客人的身份和对钱庄未来发展带来的连锁反应。

胡雪岩刚刚接手阜康钱庄，因年轻，没有多少影响力，他需要借助他人的力量来完成口碑的累积。

钱庄的信用是钱庄最好的广告。敖幕僚身居官场，接触的大都是官员，是钱庄的潜在客户，而且，幕僚最精通的就是人情世故，在屡次被拒却受到胡雪岩的礼遇后，他必会承胡雪岩之情，为其做活广告。

敖幕僚赞誉胡雪岩乃杭州城最识货的人，并将自己的经历告诉给同僚。于是，一传十、十传百，"一时达官显贵争以存资阜康为荣""声名洋溢，妇孺皆知"。

胡雪岩在阜康钱庄走上轨道后敏锐地发现，随着太平天国运动的持续发酵、清政府增兵的增多，战争中就存在着商机。当时的江南湖州一代盛产蚕丝，质量好，价格便宜，很畅销，利润非常可观。于是他决定前往湖州，利用钱庄的资金投资生丝，成立了自己的生丝行。

机缘巧合的是，就在胡雪岩前往湖州筹办生丝行的时候，王有龄刚刚自闽中守制结束，返回浙江代理湖州知府，胡雪岩与王有龄认识了。

在胡雪岩的同代人中，有一个叫李莼客的文人喜欢记日记。后来这些日记被结集出版，取名为《越缦堂日记》。在日记中，李莼客记录了胡雪岩发迹的原因：

> 时出微利以饵士大夫，杭士大夫尊之如父，有翰
> 林而称门生者。

> 胡雪岩者，本贾竖，以子母术游贵要间。壮愍故
> 以聚敛进，自守杭州至抚浙，皆倚之。

意思是说，胡雪岩用钱来结交"士大夫"，笼络官员，效仿《红楼梦》中"一荣俱荣，一损俱损"，缔结纽带关系。胡雪岩与王有龄虽没有五百两银子相助的前奏，但胡雪岩的稳重、聪慧、通情达理，以及与王有龄共同的价值观，让二人最终走到了一起。

官商协作是当时社会的普遍现象，并非胡雪岩和王有龄的首创。官员买官卖官，商贾乡绅是重点对象。王有龄也需要在湖州培植自己的势力，有人主动与他结交，他自然要进行考察。胡雪岩仁义的名声在外，二人彼此欣赏，一见如故。而胡雪岩有钱，借助王有龄谋得代理湖州公库的职权也顺理成章。

有了公库银两和职务的便利，胡雪岩开始扶助农民养蚕，力保收购，然后将湖丝通过海运，运往杭州、上海等地，赚取差价，之后解交浙江省"藩库"。所得的利益，自然少不了要与上下级官员分成。

王有龄跟自己的父亲历练多年，自然清楚与搜刮百姓相比，放开权限，让胡雪岩用钱生钱，不但获利更大，还无损官声，何乐而不为呢？

在接触的过程中，王有龄还发现，胡雪岩解决问题的能力很强，沟通方式也让人觉得舒服，于是又将另一件差事交给了胡雪岩。

据《清实录》记载，恰在王有龄回到杭州赴任、代理湖州知府的时候，湖州的漕运出了问题。此年大旱，粮食歉收，河床水位急遽下降，致使征粮艰难，漕运更是受阻。当时京师的粮食都是经漕运运送，结果江苏和浙江的官员，因为漕运的经费分配、职责的分工问题矛盾不断，天灾加人祸，竟使京师的米粮供应出现了问题，损失达三十万两白银。

此时又恰逢太平天国运动愈演愈烈，浙江政局也发生了极大的变动，咸丰二年（1852），浙江巡抚常大淳调任湖北，改由比较实干的云南巡抚黄宗汉前往浙江督办漕运。黄宗汉是科举及第，翰林出身，到任后，他并没有因为事情纷繁错综而不知所措，而是很快找到了症结。他上了一份奏折，建议朝廷将漕运改为海运，开辟新的航线，通过上海的海运局，将粮食送往京师，以保证京城粮食的供给。

这个提议很快被采纳，但暴露出来的社会矛盾和各种利益纷争也更多，需要多方合作，一起解决问题。于是，黄宗汉将差事派给了王有龄，王有龄又拉上了胡雪岩。

胡雪岩心下惊喜，他摸清了黄宗汉的喜好，知道其喜欢实干和银票，便投其所好，将湖州生丝的部分股份送上，搭上关系，有了新的靠山。

2

据《清圣主实录》记载，清初漕运实行的是漕户制，但是到了康熙中叶被逐渐废止。漕帮的建制，也随着制度的改变发生了巨大转折。在军籍的漕运员工逐步减少，基本是"十里挑一"，即十个人中，九个是"临时工"，一个是"正式工"。

"临时工"的权益没法得到保证，该怎么办？

于是他们选择了抱团儿，推举出主事的首领，代替他们说话，形成了漕运中的独特群体——漕帮。所以要想买粮、运粮成功，与漕帮好好合作是非常关键的一环。现在，漕运突然改为海运，漕帮中难免有人心生异议，担心就此夺了他们的饭碗。如果由官方直接对话，一定非常尴尬，倒不如交给稳妥的人从中斡旋。

胡雪岩办事干练，有头脑，人脉广，看得透，自然成了黄宗汉的首选。

坊间流传着很多关于胡雪岩和漕帮交往的故事，这些故事没有被记录到正史中，却因彰显了胡雪岩拓展人脉的智慧而被传颂。

据说，当时江浙一带漕运的大哥姓魏。魏老爷子虽然年龄很大了，但因为做事公道、仁义至上，很受人尊重。胡雪岩精于送礼，拜见魏老爷子之时，他就投其所好，选了符合魏老爷子心意的礼物作为敲门砖。魏老爷子见来人心思缜密，自然高看他一眼，给了胡雪岩机会，让其和自己的大弟子尤五直接对话。

胡雪岩善于察言观色，见尤五面有愠色，知道他对海运很抵触，便紧紧抓住漕帮也因漕运搁浅、很多的工人没有收入这个症结，坦诚地分析了时局，并提出自己的建议：既然漕帮和官方都陷入困境，不如转变思路，实现利益双赢。

胡雪岩申明了这样几点：

第一，漕运改海运非有意为之，一方面因为干旱，一方面因为太平军已经攻克了南京。朝廷改漕运为海运是迫不得已，并不是要夺漕帮的饭碗。

第二，漕运改海运不是制度性的，只是权宜之计，等到天降大雨，河水暴涨，太平军被剿灭，肯定还是漕运做大哥，因为海运的风险要大于漕运。

第三，漕帮的职责本来就是为朝廷运粮，完不成任务，大家都有责任。如今太平军也觊觎漕帮的粮食，站队很重要。

第四，王有龄是自己的朋友，自己可以帮忙和官员直接对话。自己心甘情愿地用阜康钱庄代为资金周转，为双方做担保人，并且保证，不管漕帮以后有任何需要，只需要一声招呼，就算舍家弃业，他也会回馈魏老爷子的通融。

第五，海运也需要人员押运，漕帮可以安插人手获得酬劳。

一开始，漕帮魏老爷子的大弟子对胡雪岩的态度并不好，但在听完胡雪岩的建议后，他心中的困惑解除了。于是，尤五提出了最后一个要求——粮价高于市场价几分利。胡雪岩见对方有了意向，便没有反驳。在这种时候，粮价高于市场价非常正常，相信王有龄和黄宗汉也能理解。因为钱是公家的，花多花少，与他们无关，政绩才是官员们的命脉。

果然，王有龄和黄宗汉对胡雪岩谈判的粮食价格没有异议；更机缘巧合的是，不久后，胡雪岩对漕帮的许诺就实现了。

咸丰三年（1853），战事吃紧，黄宗汉接到命令，分兵江苏、安徽，堵截太平军进入浙江。没想到远在上海的小刀会又起义了，起义军占领了很多港口码头，致使海运中断，几经周折，就这样阴错阳差地由海运又改回了漕运，漕帮的利益得到了最大化的实现。这让胡雪岩的公信力在黑白两道同时得到了提升。

商人是游走在多边关系下的特殊群体，这种提升对商业发展和人脉的拓展都有着极其重要的作用，促成了更多的多边合作。

粮食的问题解决后，经多方筹集，黄宗汉又有效地解决了江南大营的军饷难题，于咸丰四年（1854）得到了咸丰皇帝的特诏褒奖，获赐御书"忠勤正直"匾额，随之升为四川总督，离开了浙江。

胡雪岩也由此迎来了新的机遇，因为新任的浙江巡抚非旁人，而是王有龄的发小儿何桂清。

何桂清和王有龄的渊源，始于他们的父亲。在云南的时候，何桂清的父亲是王有龄父亲的属下，王有龄和何桂清一起成长，也因此成了异姓兄弟。

何桂清成绩优异，科举及第，仕途平顺，一直很受器重。太平天国运动爆发后，江南形势险峻。黄宗汉因为漕运办得好，调任四川，很需要有能力的官员接任，何桂清便因此调任浙江巡抚。人都是念旧情的，并且渴望培植自己的势力，所以何桂清主政浙江后，便于咸丰五年（1855）提拔王有龄做了杭州知府。

举贤虽然不避亲，但是如此简单直接地举荐自己的亲信，并且这个人没有功名，只是捐官出身，引发了很多人的异议。

何桂清非常清楚自己的决定是正确的。自鸦片战争以来，白银外流，国库空虚，江北大营和江南大营的主帅军纪松懈，抗击太平军的战斗一败涂地。如今自己坐镇指挥抗击太平军，若没有妥帖的人为他做后勤，为军需善后，是根本不行的。

王有龄与他情同手足，一定会积极地给他提供所需，助他军前强盛。何桂清了解王有龄的能力，虽然此人没有科举及第，但是做事干练，所以何桂清坚持保举王有龄，甚至不惜以辞官为代价。

王有龄非常感激何桂清的保举，他能做的就是凭借自己的能力，平息众议。咸丰五年（1855），太平军由江西进入浙江，浙江成为抗击太平军的正面新战场。打仗需要钱，长期拉锯，国库空虚，入不敷出，清政府便让各省官员自己解决粮饷问题，"以本省之钱粮，做本省之需"。

何桂清委任王有龄筹集物资，解决粮饷问题，以保障军需。不久，王有龄调补杭州府，迁江苏按察使。

胡雪岩看得很清楚，乱世之中，站队很重要，要"顺势取势"，才能"借势而上"。于是，他将湖州的生丝业务全部交给了手下，自己与王有龄一起回到了杭州，专心解决军队的粮饷问题。

六、手　腕

1

　　在任何时代，粮饷对于战争来说都非常重要。

　　但是直接找老百姓募集，非常难。尤其在战争年代，百姓的生活本就非常苦，要忍受各种名目的搜刮，还要为军队提供军需物资，那就是雪上加霜了。

　　正像预料的那样，征粮遇到了很大的阻力。

　　电视剧《胡雪岩》中有这样一个情节。"征粮令"一颁布，就引起了老百姓的反感。百姓对王有龄群起而攻之，大有官逼民反的趋势。

　　民怨四起，王有龄很苦恼。如何平息老百姓的怨言成了第一紧急要务。胡雪岩发现一位叫嵇鹤龄的人，提出了先安抚后缴粮的建议，便将此消息透漏给了王有龄。王有龄一听非常感兴趣，于是和胡雪岩商量找到此人，让其化解官民矛盾。

胡雪岩在"跑街"的时候练就了一身阅人的本领。他非常清楚嵇鹤龄这类人，因为读书读得太多，性格上很孤傲，要是强拉硬拽地让他为官家做事，他会认为这折辱了他的气节，反而不肯低头。于是胡雪岩提议，先去摸一下此人的底牌，然后对症下药，让他主动靠拢。

王有龄深表赞同。

胡雪岩做事注重知己知彼，他派手下认真了解了嵇鹤龄的基本情况后，才前往他的住处。嵇鹤龄的遭遇很坎坷，空有满腹才华，却没有取得功名；因无钱，又无法捐官；更不幸的是，他欠了很多外债，刚刚死了老婆，心情抑郁。

胡雪岩非常注意交谈的方式。他先为嵇鹤龄的夫人上香，然后恭维嵇鹤龄的学问，谈得欢畅了才拿出嵇鹤龄在自己钱庄的借据，以及在其他银号的欠款收据，并撕掉，说自己已以嵇鹤龄的名义做了偿还。

嵇鹤龄没想到胡雪岩做事如此周到细致，他非常清楚当下的时局，也知道胡雪岩和王有龄走得很近。但在交谈中，胡雪岩并没有要求他做出承诺，这让他很是欣赏。无功不受禄，他知道胡雪岩是为筹粮而来，于是欣然接受了胡雪岩的建议，表示愿意出山帮助王有龄解决问题。

民众中有人愿意出来说话，自然就好办事。经过有效对话，百姓的怨气很快就平息了。胳膊拧不过大腿，不想造反就得听话，妥协也是一种保全。

稽鹤龄很快得到了王有龄的保举，获得了提拔。为了进一步拉近关系，胡雪岩又建议王有龄将夫人的贴身丫鬟许配给稽鹤龄做了填房，彼此关系又进了一层。

咸丰七年（1857），何桂清升任两江总督，成了封疆大吏，他再次举荐王有龄为布政使，督办粮饷。

前面征粮积怨已深，再来征粮，问题更多。王有龄认为募捐粮饷需要当地的乡绅鼎力支持，老百姓的钱财数量有限，就是再逼，也是徒劳。大户们的余钱多，即便拿出一些来，生活依然无忧，可能更容易成功。于是，他便找胡雪岩征求意见。

《庄谐选录》中记载说，王有龄也给胡雪岩开出了丰厚的条件——所有劝捐得到的银两都由阜康钱庄经手转运：

（李中丞）开府浙江，甫到任，即下檄各县曰："凡解粮饷者必由胡某汇兑，否则不纳。"

咸丰十年（1860），接任浙江布政使的段光清在《镜湖自撰年谱》中写道：

绍兴一府捐款，其解银两，非胡墉（胡光墉）经手，则省局不收。

可见，胡雪岩从中获利多多。但"逼捐"这种事，有些损人不利己，被人诟病很多，因此段光清感慨道：

胡墉之遇事倾人，真可畏哉！

胡雪岩的手段，真的是很可怕！

段光清还记录了这样一个故事：

当时绍兴有一个富户叫张广川，大约是想要抗捐，胡雪岩就抓住民怕官纠、宁可破财买命的心理，指使人告发张广川犯案，然后要他捐了十万两。

后来，曾国藩和左副都御史王履谦都曾在奏章中多次弹劾王有龄逼捐——王有龄的主要帮手就是胡雪岩，说他要求胡雪岩筹集比计划多十倍的钱，致使"绍兴十倍加捐之议起矣……绍民之怨从此深矣"。

有失去就有获得，胡雪岩认为，人生在世，不为利，就为名。做生意也是一样，值不值得冒险，就看两样当中能不能占一样。鱼和熊掌不可兼得，那就顺其自然。得熊掌的时候紧紧抓住熊掌，得鱼的时候抓住鱼。

2

随着和官府接触的深入，胡雪岩受惠无数，并且在与官府斡旋时越来越游刃有余，越来越敏锐，不错过政治变革中出现的任何一个商机。胡雪岩顺应时代要求，看准"时机"也占得"先机"，自然成就"商机"，并且终生都对这一点拿捏得极其准确。

太平天国运动爆发后，军费成了第一问题。虽然通过搜刮百姓在一定程度上缓解了前方物资的压力，但并没有从根本上解决军费问题。战乱仍在继续，甚至愈演愈烈，清政府不得不另想办法。

清政府的智囊团借鉴历史上解决"钱荒"的经验，想出了一个办法：发行纸币。

早在咸丰元年（1851），太平天国运动爆发的初期，陕西道监察御史王茂荫就上了一道名为《条议钞法折》的奏折，提出"有限制地发行可兑现的纸币"以缓解当下政治经济危机的办法。

咸丰皇帝刚刚登基，眼前一团乱麻，初听这个建议，有点心动。于是，围绕着是否刊印纸币的问题，朝臣进行了一场大讨论。最后，户部的官员援引明代发行纸币导致通货膨胀，驳斥了此议，并且结合当下情势做出判断——发行纸币势必让国家更加混乱。

然而，时局动荡，形势更加恶化，在没有其他好的建议的情况下，发行纸币的提议不得不被采纳。咸丰三年（1853），朝廷下达了正式文件，敕令王茂荫、花沙纳等人绘制官票样式，制定施行章程，呈送圣览。

不久后，纸币正式进入市场流通。当时颁布发行的纸币一共有两种：一种面额较大，叫"户部官票"，又叫银票；一种面额较小，叫"大清宝钞"，又叫钱票，面额从二百五十文到五十千文、十万文不等。

任何新事物在初期的推行都不容易。为了让老百姓接受纸币，清政府采取了与票号、钱庄联手的方式推行纸币，并设立了"四乾五宇官号钱铺"（乾恒、乾豫、乾丰、乾益官号和宇升、宇恒、宇丰、宇泰、宇谦钱铺）承办兑换事宜。

即便如此，纸币的流通仍然不畅。

所谓"会看的看门道，不会看的看热闹"，在大多数人极其排斥纸币的情况下，胡雪岩发现了其中的商机。那就是普通百姓兑换纸币的数量有限，大部分的纸币流向了军营。这种定向的流向促使胡雪岩做出了一个大胆的决定，由自己的钱庄负责官方在浙江的纸币的发行。

当时很多人对此表示诧异，认为胡雪岩这步棋非常危险。

百姓并不相信政府，一旦知道钱庄兑换了政府的纸币，若人人都来兑换现银，很容易导致钱庄破产。

胡雪岩非常理性地分析了钱庄业务的基础用户，最大的存储客户来自军队，如果军队不来兑现，风险很小。相反，如果自己能够接下这个差事，替政府解决了难题，势必会拓展自己的业务。

利益都是相互的，于是，在接下烫手山芋的同时，胡雪岩借机向何桂清和王有龄申请了军队现银的转兑权，并且将浙江省军需物资的采办权也拿到了手。

战争需要物资，并且需求量很大，这是一桩稳赚不赔的买卖；而推行纸币定向流向军队，恰好形成一个有序的循环。

胡雪岩能够发现纸币中的隐形商机，别人也能。很多官员在利益的驱使下，也利用"户部官票"横征暴敛；加之外国人对中国一直很关注，他们也不会放弃这块肥肉，所以，随着"户部官票"的流通，市场逐渐混乱，纸币最终于同治元年（1862）退出了历史舞台。但胡雪岩作为最早一批从中受惠的人，此时早已建立了庞大的商业帝国，已有足够的能力全身而退。

第二章　商　道

　　商道即人道，小商谋断，大商无算。

　　人的修养达到某种程度后，财富便再不难求。

　　"不欺"，终生践行；"诚信"，保驾护航。

一、创　新

1

没有人能够随随便便成功。商人的成功离不开商道。在漫长的历史发展中，那些成功的商人都有着自己独特的商业信条。他们秉承着前人的商业精神，也为后来人的商业活动提供宝贵的经验。

胡雪岩最崇拜的人是"商圣"陶朱公。

陶朱公就是帮助越王勾践夺得春秋霸主地位的范蠡。范蠡深知"飞鸟尽，良弓藏；狡兔死，走狗烹。越王为人长颈鸟喙，可与共患难，不可与共乐"的道理，在助力越王成就霸业后便称病不朝，举家迁往陶丘。他经商积资，成了巨富，并留下了著名的经商十八法和"五"字商训——"天，地，人，神，鬼"。

胡雪岩极其敬畏陶朱公，将五字商训定为家训，世代传承。

天，为先天之智，经商之本；地，为后天修为，靠诚信立身；人，为仁义，懂取舍，讲究"君子爱财，取之有道"；神，为勇强，遇事果敢，敢闯敢干；鬼，为心机，手法活络，能"翻手为云，覆手为雨"。

胡雪岩反复琢磨着这几句看似简单的话，以此为指导，不断锤炼自己，终于开辟出一条政商结合、亦官亦商的"胡雪岩商道"。

晚清时，由于列强介入，中国的领土主权遭到了严重破坏。他们以条约和武力为后盾，不断对中国进行掠夺，使得清政府高度集中的中央财政体系受到了严重破坏，撕开了商人介入国事的口子。传统的"农本商末"，在时代的诉求下迅速瓦解，为商人在社会上施展才华提供了土壤。

同时，在外国列强的掠夺和清政府本身的弊病的双重作用下，社会矛盾更加激化，起义频发。为了镇压这些叛乱也需要资本注入，这就从另一个层面为商人介入国事搭起了平台。

胡雪岩就在这个节点上，适时地调整了自己的商业策略。

在与王有龄劝捐粮饷的过程中，胡雪岩发现，粮饷发给服役的官兵后，多有携带不便的情况发生，大部分官兵在得到饷银以后，除了用于赌博，就是寄存在钱庄。针对官兵的这一需求，胡雪岩采取了一系列吸引和鼓励官兵将银钱寄存在他的钱庄的举措。

第一是重视信用。

当时有个叫罗尚德的士兵，经过十几年的苦熬，省吃俭用，积攒下一万多两银子。因为要随着部队开拔前往前线，他便把钱存入了阜康钱庄。罗尚德与阜康钱庄做了口头上的约定，称自己不要存折，不要利息，只是暂时把钱寄存在钱庄。

没想到，罗尚德在战争中去世了，再也没有回来。临终前，他委托自己的同乡将存在胡雪岩这里的钱取出来，带回老家还债。因为没有凭证，同乡不知道如何证明这笔款项的存在，非常害怕钱庄会赖账。让他深感意外的是，胡雪岩当时已经以三年定期存款的形式为这位士兵办理了存根，并且交由钱庄负责人代管。所以，当罗尚德派人来取钱时，即便对方没有凭据仍顺利地把钱取走了。

回到军营后，罗尚德的同乡就宣讲阜康钱庄的信义。这在当时影响巨大，间接吸引了许多官兵将自己的积蓄存入阜康钱庄。

第二点是为官兵无条件善后。

在这些军官里面，有一个叫蒋营官的人，他将自己和手下的二十万两银子存进了阜康钱庄。军人的脑袋是拴在裤腰带上的。当时太平军集结十万重兵逼近浙江，每个人的命运都是未知数；除此之外，野外生存也让官兵面临无数风险，所以他们将钱存在钱庄，能不能来取也是未知的。

蒋营官后来阵亡了，因为信任胡雪岩，他的手下便继续将钱续存在钱庄，并嘱托说，如果自己阵亡了，便请胡雪岩将这笔钱代转给自己的家人。

受人之托，忠人之事，胡雪岩没有推辞。但是在兑现这笔钱的时候，他遇到了一个很实际的问题。二十万两数目庞大，官兵的家属又分布在四方，战乱中，依靠人工押运将这笔钱送至每个人手中困难重重。

如何把钱安全地送到家属手中呢？胡雪岩反复思考着。

生活的掣肘对于善于思考的人来说，会激发创新，带来机遇。胡雪岩想到了山西票号的运作模式，能不能在全国各地开设钱庄的分号，让大家在当地兑现呢？

胡雪岩找到了自己的老搭档王有龄，向他咨询有关山西票号开到京城的事情。王有龄说，山西票号也是基于与胡雪岩差不多的原因兴起的，他很支持胡雪岩这样做。

达成共识后，胡雪岩便开始着手准备开设钱庄分号。思来想去，他认为湖州有自己的生丝行，又有漕帮的朋友帮衬，人脉基础已经建立，在此开设第一家分号成功的概率非常大。于是，第一家钱庄分号在湖州开起来了。湖州人在杭州存入银两，只需要携带阜康钱庄的庄票，就可以在湖州分号进行白银兑换。因为免去了现银携带的风险，分号很快就吸引了一些商业客户，大大推动了钱庄分号的发展。

随后，胡雪岩安顿好杭州的一切，动身前往京城投奔自己的朋友夏同善，准备在北京开设分号。

夏同善就是《杨乃武与小白菜》里面，帮助杨乃武的姐姐打官司的官员，他是杭州人，德才兼备。咸丰六年（1856）及第，被皇上钦点翰林并赐"翰林第"匾，选为庶吉士，亦深得慈禧太后赏识，在官场混得风生水起。

夏同善听了胡雪岩的来意后对胡雪岩说，山西票号之所以成功，与很多人进京买卖官爵有很大的关系。这些人为了能够补实缺，到处找门路，非常需要钱。票号看准了这个商机放出贷款，不但收获了高额利息，还和官员达成了长期的合作。

胡雪岩听后，热血沸腾，更加坚定了自己在京城开设钱庄分号的决心。更为幸运的是，在与夏同善交往的过程中，胡雪岩认识了后来官至刑部尚书的文煜。文煜是八旗子弟，道光年间考取了太常寺的库使，由此进入仕途。

太平天国运动爆发后，文煜一度被外放，先后担任江宁布政使和江苏布政使。后来江宁沦陷，文煜被参奏办事拘泥被调离前线，在京赋闲。他与胡雪岩一见如故，结为终生挚友。听说胡雪岩要在京开设钱庄分号，文煜表示大力支持，并且在钱庄开业当天存入了一笔不菲的存款。

就这样，在朋友的鼎力相助下，胡雪岩在京城的钱庄分号开起来了。

2

　　胡雪岩开连锁钱庄时，正是闭关和抑商政策开始瓦解时，并出现了"力田稀，服贾繁"的社会现象。钱庄固定在单一地域，已无法满足群众的需求。钱庄连锁模式，恰恰顺应了时代的发展。

　　分号开张容易，想要做强做大，却需要付出很大的心力。

　　用什么样的方法可以迅速扩大钱庄分号的影响力呢？胡雪岩反复思量，觉得最关键的是开拓客户，吸纳资金，低进高出。他将自己的钱庄客户锁定为两类人群：有钱的官员，买卖官爵的流动候补人员。

　　胡雪岩充分发挥当年"跑街"时练就的本事，摸排了杭州籍在京的官员，然后按人头给他们的家眷分发了一本存折，美其名曰阜康钱庄的同乡优惠。存折中有基础存款，可以随意支取，并且规定，使用这个专门的存折存储，利息相比一般的散户更优厚。

　　胡雪岩利用家眷们善于八卦的特点，给自己的钱庄做了一波营销，很多京城官员的内眷也知道了这个消息，钱庄因此吸引了更多的资金。

　　另外，胡雪岩还给官员的看门人发放了优惠存折，这样，他可以很容易就得到第一手资讯，及时掌握重要情报。

之后，胡雪岩将这一部分资金放贷给入京想要谋取官职的人，有的放矢，保证资金回笼。北京的钱庄分号通过营销复利，渐渐稳定。

胡雪岩又回到了杭州大本营，以相同的营销模式在周边开设阜康钱庄的分号。他在上海开办的分号，为他将来与洋人进行交易，以及推动洋务运动的发展，起到了至关重要的作用。

胡雪岩并没有就此满足，针对其他储户，他谋划了新的营销方案，比如敢于吸收"逆财"。

所谓的"逆财"，是指参加了太平军的这一部分人的存储资金。他们中多是普通老百姓，无奈之下才跟着造反的。在战乱中，私财容易得到，却不容易隐匿。有亲属的，亲属不敢替他们私藏；没亲属的，又不能随身携带。"富贵险中求"，于造反人员如此，于胡雪岩也是如此，他发现这其实是一本万利的生意。

首先，因为身份原因，只要有人肯为他们存储，他们就感激不尽了，根本不在乎利息多少。其次，战乱年代，如果这部分人在战争中阵亡，若没有遗嘱，便会成为无头账目，存款自然就归钱庄所有了。

但是，这份富贵并不那么容易拿到手，为造反派办理存储相当于窝藏罪赃，是杀头之罪；并且叛逆之人的财产，一旦查出就要充公。

胡雪岩聪明的地方在于他会逆向思维，有胆量，敢决断。

因为存钱不是放款，没有核实存款人真实身份的必要，一旦东窗事发，他完全可以以不知道存款人的身份为由推托掉。开门做生意，客人上门，就不能拒绝，这是基本的为商之道。

更重要的一点是，胡雪岩做的是官方生意，上下打点得非常好，掌握了足够的信息，可以适时地对钱庄的经营做出调整。

真是应了那句俗话，撑死胆大的，饿死胆小的。胡雪岩不但吸纳了这部分钱财，而且还没有东窗事发，默默地赚取了一笔不菲的收益。

二、活 络

1

会做生意的商人都有一种能力，那就是让"钱生钱"。他们有着敏锐的嗅觉，能随时发现商机，让自己的利益链条转动起来。

胡雪岩曾说，做生意一定要活络，不死守着自己熟悉的行当，要寻找新的投资方向。钱庄发展起来后，胡雪岩每天都在想一个问题，那就是如何让钱庄的钱物尽其用。

胡雪岩到上海办事时，有一次到茶馆喝茶，听到隔壁闲谈上海地皮规划炒作的事情。

那人说："外国人和中国人的思维方式真的很不一样，中国人搞开发，是先开好商店，住了人之后再修路；外国人却是先把路修好，再进行开发建设。照现在的情形看，向西一带，更有可为。眼光长远的人如果趁开发修路之前买下地皮，等洋人的路修到那里，就能一夜暴富了。"

说者无意，听者有心，别人的谈资，成了胡雪岩的投资。胡雪岩听后立刻雇了一辆马车前往西城，并找朋友摸清了洋人开发市面的计划，最后拟订了投资方案：趁地价便宜时入手洋人准备修路的地皮，等地价上涨后转手变卖。胡雪岩就此介入了上海的地产生意，找到了新的财源。

胡雪岩之所以发迹，有两大支柱产业，一个是钱庄，一个是典当行。钱庄是在阜康老板馈赠的基础上发展起来的，典当行却源于胡雪岩与自己的同乡——朱福年的一次偶然的闲谈。

朱福年也是徽州人，来到杭州后，起初在别人手下做掌柜，后来投靠胡雪岩。因为自小耳濡目染徽商的经营理念，朱福年对于商业经营有着自己独到的见解。胡雪岩因此经常找朱福年聊天，探讨商业问题，听取他的看法。

有一次二人闲聊，朱福年就说起了自己小时候接触的典当行。典当行也是徽商的传统行业，胡雪岩并不陌生，但是他从没想过自己开当铺。如今不同了，民不聊生，很多老百姓靠着典当过日子。朱福年聊起典当行的事情，一下子刺激了胡雪岩的神经。这不就是自己一直在寻找的投资方向吗？

胡雪岩很兴奋，详细询问了朱福年关于当铺运营的情况。朱福年见胡雪岩感兴趣，便很详尽地将自己的所见所闻，毫无保留地说给他听。

朱福年给胡雪岩算了一笔账——当铺资本为"架本"，开一家典当行，架本从五千文到十几万文不等，获利也不同。若投资一家典当行的架本为两万两，像开钱庄那样开二十多家典当行，那么架本至少是四十万两。以生息一分钱来计算，一个月净赚四万两银子不是问题，一年下来就是近五十万两。

俗话说"一本万利开典当，二龙抢珠珠宝行，三（山）珍海味南货店，四季发财水果行"，典当行称得上所有实体行业里，最赚钱的买卖。

胡雪岩自然不会放过这个赚钱的机会。他认真地分析了典当行和钱庄的共生性，认为"钱庄是有钱人的典当，典当是穷人的钱庄"。它们都是以钱生钱的行业，不同的是，钱庄的主要客户是有钱人，典当行的主体客户是贫下中农。有钱人毕竟是少数，贫下中农的基数庞大，如果把开钱庄获得的资金转投到典当行，无疑会实现经济利益的最大化。

说干就干，胡雪岩立刻着手办理开当铺的各种事项。当铺涉及典、当、质、按、押不同等级的划分，需要大量的专业人才，也需要合适的地点，胡雪岩因此忙得焦头烂额。

很多人不理解胡雪岩的这种疯狂行为。胡雪岩却笑笑说："开当铺没有风险，只有收益，而且又能帮助穷人渡过难关，何乐而不为？"

经过周密的准备，胡雪岩的第一家典当行"公济当"，在杭州的拱宸桥畔开业了。拱宸桥距离码头比较近，聚集了大量漕帮的人。漕帮的人多是靠出卖力气吃饭的贫苦百姓，当时因为漕运改海运，以及太平军对漕运的阻断，很多人的生活出现问题，只能靠典当为生。他们要么典当祖业，要么典当曾经置办的产业，要么用衣物等值钱之物向当铺抵押借贷。

胡雪岩置办军需物资，经常与漕帮打交道，利益互惠，漕帮的人自然会把"公济当"作为典当的首选。

杭州"公济当"成功后带来的巨大收益，激发了胡雪岩将当铺开到其他地方的欲望。为了迅速抢占先机和市场，胡雪岩双管齐下，将开当铺和开钱庄一起推进，先后在江苏、浙江、湖南、湖北等地开设了当铺与钱庄。

"胡氏典当行"，自此享誉天下。

2

当铺不是穷人的天堂，也不是富人一夜暴富的梦工厂，它其实是一个鱼龙混杂的地方。当铺开办起来不容易，开下去更难。

一些地痞流氓或者以骗术为生的人，认准了店铺刚刚开张经验不足，借机生事，骗取钱财。这些人都是惯犯，在这个行业做得久了，轻车熟路，行骗过程常常天衣无缝，连官府有时候也因为证据缺乏而拿他们没办法。

胡雪岩在"公济当"刚开办起来的时候，就遇到了这样一件窝火的事。

一天，胡雪岩外出回来，当铺的掌柜神色慌张地向他汇报，有个古董商人想要当掉一件商代的玉器。他请店里的师傅进行了鉴别，鉴定结果是真货，因为卖家着急等钱用，他怕丢了主顾，便在胡雪岩不在的情况下，擅自做主花费三百两银子收了此物。然而，买卖谈成后，他却越想越觉得自己当时有点冲动了，便将玉器拿到玉器行请几位行内专家帮忙鉴别，结果发现是高仿的物件。大意失荆州，他很后悔，特来请罪。

胡雪岩听后并没有责怪掌柜的，而是好言安抚说："这是有意设的局，怎么能够让您承担责任？"他认真地想了一会儿说："从哪里跌倒的就从哪里爬起来，您不但不要自责，还要当被骗的事情没发生过，然后到酒楼定几桌好菜，请当地的名流来观赏宝贝。"

掌柜的被胡雪岩弄糊涂了，但是他深知自己的东家是有大智慧的人，于是按照胡雪岩的指示进行了安排。

第二日，待大家齐聚一堂，胡雪岩便对店里的伙计说："上宝物！"

伙计把装在精致木盒中的商代玉器捧了出来。不过，这个伙计不知被什么绊了一下，一个趔趄就让手中的玉器飞了出去，玉器瞬间被摔得粉碎。

在座的人皆大惊失色，胡雪岩慌忙致歉，表示赏玩宝物是小事，大家一定要吃好喝好，不能再辜负了美酒佳肴。

这件事被当成新闻在坊间传播，最终传到了骗子耳中。骗子一听大喜，没想到还能捞上第二把——当铺的行规是在典当期内，损一赔十，玉器损坏了，骗子自然兴奋得不行。他立刻带着之前当得的三百两银子来到典当行，得意忘形地把银子和当票往柜台上一扔说："赎当！"

掌柜的早已按照胡雪岩的安排，将玉器准备好了，待把银子收回来后，恭恭敬敬地将玉器送到了骗子手中："您老，收好！"

骗子脸色大变，质问道："我听说我的玉器被你们损坏了，你们拿个假的出来充数骗谁呢？"

掌柜的冷笑了两声，说："当日你来当玉，企图欺骗我，但我们东家可不是好骗的，于是将计就计，请了当地的士绅一起做局，来了个瓮中捉鳖。我们东家早算准了你会来，已经知会了衙门的官爷。你自投罗网，就别怪我们不客气了！"

此事引起极大的轰动，但胡雪岩深知，若要典当行持续发展，只靠机智是不够的，还要建立信用。

一天，胡雪岩在与掌柜的核对账目、交流投资方向时，迎来了一位特殊的典当者——杨布商。和一般的典当者不同，此人典当的居然是自己的全部产业。

杨布商见是胡雪岩亲自过问，便坦诚地说自己的生意遇到了很大的挫折，急需现金救急。因为数目庞大，一时之间无处筹措，便想典当自己的产业，换取救急的钱财。

胡雪岩半信半疑，一面派人核实情况，一面让掌柜的将现银调来。调查的结果是，杨布商说的情况属实。

胡雪岩沉思了一会儿，认为一个人如果把自己的家底都兜售出去，将来想要东山再起未免难上加难，于是他想了一个折中的办法——自己支付现金，但是产业依旧由杨布商经营，将来还不上时再收取店铺作为抵偿。

杨布商感激不已，他向胡雪岩深深一鞠躬，然后带着救命钱走了。周围人对此大惑不解，认为怎么能轻易放弃这种赚大钱的机会。

胡雪岩则淡然地笑着说："我年轻时'跑街'，有一次遇到了大雨。见我没有带伞，一位路人便与我分享一把伞。后来，遇到未带伞的人，我也会同他打一把伞。即便我忘了带伞，也会有人给我打伞。世界上的事就是这样，付出总有回报。如果我趁机将他的产业收入囊中，那么他可能永远都翻不了身了，那可能是几代人的心血。虽然获得了财富，但是对不起自己的良心，不如帮他一把，助他渡过难关。"

不久后，杨布商就筹措到了资金，将胡雪岩的钱还上了。因为敬重胡雪岩的品格，感恩他的仗义相助，杨布商成了胡雪岩最忠诚的合作者。

胡雪岩名声在外，很多人慕名前来典当，胡雪岩的当铺虽起步晚，却非常红火，甚至超过了一些老字号。

三、识　人

1

随着业务的发展，一个很现实的问题摆在了胡雪岩面前。那就是生意众多、战线过长，难免会出现尾大不掉的情况。在没有互联网、无法进行远程操控管理的情况下，如何让门店众多、跨地域极广的商业集团具备凝聚力，成了胡雪岩需首要解决的问题。

胡雪岩发现，企业的凝聚力一部分来源于管理机制，最重要的却是引导各种人才致力于企业的管理和经营，将他们放到最适合的位置上，让他们发挥所长，达到协作的最佳效果。

胡雪岩深知德才兼具太难得，便以"德看主流，才重一技"为原则，吸纳了很多别人可能不会起用的人才。

胡雪岩善于识别人才。

咸丰五年（1855），宁波鼓楼前的恒兴钱铺欠了胡雪岩一笔银子。胡雪岩和老东家的关系很好，没想到老东家过世后，新东家只知挥霍，根本不打算还钱。

摸清了新东家有钱不还、想要无赖的情况后，胡雪岩决定亲自前去与他沟通。

在恒兴钱铺，胡雪岩看到有趣的一幕。新东家趾高气扬地批评一个学徒，而这个学徒却努力地擦亮店里的铜招牌，对东家的话充耳不闻。

新东家说："一个破招牌，你来回地擦什么擦，不如去干点别的。"

学徒却说："东家您错了，要想店铺开下去，就要擦亮招牌。招牌亮了，心才敞亮，生意才会做大做强。"

见一个学徒都能顶撞自己，新东家很是恼火，伸手就想打人。

胡雪岩甚是赞许这个学徒，于是连忙上前阻止："干吗发那么大脾气！这样吧，既然你不喜欢这个孩子，那就把他给我吧。为了补偿你，你欠我的钱可以不用还了！"

这个学徒就是后来筹备了中国第一家新式银行——中国通商银行的严信厚。

严信厚和胡雪岩一样，很有经商的天赋，并且聪慧敏锐肯吃苦，很得胡雪岩器重。胡雪岩认为严信厚在自己的钱庄做学徒，未免委屈了他，便于同治十一年（1872）效仿当年粮食行和火腿行的老板，写了一封推荐信，让严信厚拿着这封信，去找当时深受慈禧太后器重的李鸿章历练。

果然，李鸿章也非常看重严信厚，不久就保举他做了候补道，加封知府衔。后来，严信厚任河南盐务督销，搞起了洋务运动，和胡雪岩一样创立票号、创建新式银行，成了影响晚清历史的大人物。

胡雪岩还敢于起用有瑕疵的人才。

在胡雪岩的钱庄里有一个叫刘庆生的伙计。此人经历过好几家钱庄，颇有些资历，但是喜欢吃喝嫖赌。很多人都觉得这样的浪荡子没什么大成就。但胡雪岩看中了刘庆生的干劲儿，就想聘用他做自己钱庄的经理。

他把刘庆生叫到身边，考他钱庄经营方面的问题。

刘庆生是个小人物，意外被大老板关注，深受感动，于是很坦诚地针对目前钱庄的发展还有经营，提出了自己的看法，并且此人记忆力超群，能够背得出全城四十多家钱庄的招牌号。知彼知己才能百战百胜，市场调查在商业竞争中非常关键。能够对全城的钱庄如此了解，绝对需要心智。

为了进一步考察刘庆生对钱财的支配，胡雪岩提议让其将家眷接到杭州。没想到刘庆生对这笔资金的安排也非常妥当。他并没有在花钱上缩手缩脚，而是租了一间小院，置办了很多生活必需品，张弛有度。

作为企业经理，最重要的就是支配金钱的能力，能有序地统筹资金，让其升值增值。刘庆生做到了。胡雪岩大赞刘庆生的才干，认为瑕不掩瑜，决定聘用此人悉心调教，将其打造成了可独当一面的人才。

胡雪岩对刘庆生的器重，让刘庆生发生了蜕变，加之在政、商两道的历练，曾经吊儿郎当的他成了胡雪岩的左膀右臂，在胡雪岩的生意中发挥了巨大的作用。

后来，为了减轻财政压力，政府发行了纸币。刘庆生就为胡雪岩出谋划策，说官府需要有人带头推进纸币发行，买进这些银票有利无弊。在他的提醒下，胡雪岩迅速做出决策，赢得了机遇。

除了刘庆生，陈世龙也是一个有些瑕疵的人才。此人出身卑微，并且非常喜欢赌博，在别人眼中是扶不上墙的烂泥，但胡雪岩不这样看。

当时胡雪岩在湖州的生意缺一个总管，便想找一个妥帖的人前去接手。身边人推荐了好几位，其中一位名叫李郁的候选人做过很多生意，经验丰富，备受推崇。但胡雪岩直觉此人并不是自己想要的人才，于是决定测试一下他们，然后再做选择。

胡雪岩命人准备了两个带锁的柜子，规定谁先打开，谁就去主持湖州的工作。结果如大家所料，李郁很快就打开了柜子，但胡雪岩仍很有耐心地等陈世龙。

陈世龙完成任务后，胡雪岩问了一个无关紧要的问题："打开柜子后，你们都看到了什么？"

李郁志在必得，脱口而出："钱！"

陈世龙却有点尴尬地说："只着急打开柜子了，我没有看里面是什么。"

胡雪岩听后，赞许地点了点头，宣布李郁获胜。不过，李郁并没有被安排去湖州，而是前往了他处。

胡雪岩把陈世龙找来，对他说："我给你一锭金子，你能不能到赌场里不赌？"

陈世龙听后，便带着金子前往了赌场。因为和胡雪岩有约定，他一直忍着，结果通过了考核，最终被委派去了湖州。

领导都喜欢看重钱却不把眼光过度集中在钱上、有情有义也听话的人，陈世龙满足这些条件，顺利进入了胡氏集团的管理层。后来，出于管理的需要，陈世龙还学习了英语，被派往上海，接手洋务，成了胡雪岩对外生意的好助手。

2

知人善任，是一门学问。

为了团队的发展，胡雪岩绞尽脑汁地搜罗人才。

太平天国的军队大举进攻杭州城的时候，胡雪岩为自己的生意发展忧心忡忡。他辗转反侧，深夜无眠，听到更夫有序地敲击着更梆，接连数日不绝，心中大喜。

胡雪岩认为，能够坚持把一件事做好，并且无惧危难，这种强大的定力，让人动容。他认为如果让这样的人才看守自己的库房，一定非常安全。

于是，胡雪岩找到了这名更夫，向他说明来意，并给出丰厚的待遇，聘请他看守自己的库房。

更夫已经六十多岁，在如此年龄还能遇见知音很是欣喜，他欣然前往，并且终生对胡雪岩忠心耿耿。

后来，胡雪岩还在自己的胡庆余堂，挖掘到一个外号叫"石板刨"的人才。此人擅长切药，刀法精湛，唯独有个毛病，就是脾气火爆，常常因为脾气得罪人。

胡雪岩并没有因为他人缘差开除他，反而高薪聘用，让他做了大料房的管事。

"石板刨"极其尽责，把控质量非常严格，为药店的前台经营提供了有力的后方保障。

除了知人善任，胡雪岩还用人不疑，疑人不用。

胡雪岩生意很多，他将自己的生意充分托付给部门经理，除了常规的账目核对，从不怀疑他们的办事能力，或者担心他们在经营中有中饱私囊的行为。这种态度，让团队的很多分歧矛盾能够迎刃而解。

开药店的时候，药号经理和进货的主管就曾因购买的人参的质量和价格问题发生过激烈的争执。

进货的经理（阿二）负责前往东北采购药材，但是因为战事频发，买的人参不但质量不好，而且价格很高。掌管药店的主管（阿大）查看过账目和到店的货物后，非常不满意，心存质疑。他认为这里面肯定有猫儿腻，存在以次充好、对东家不忠的行为。

进货的经理听后非常生气，为证清白，就和主管吵了起来。

此事传到了胡雪岩那里。主力干将发生矛盾，难道要双开？肯定不能，胡雪岩搞清楚事情的来龙去脉后，沉思了一下。人性是复杂的，周围人和气，自己的生意才兴隆。因此，他不能用一句话简单地判定事件的对错。

胡雪岩岔开话题，吩咐手下置办了一桌酒席，然后邀请两位经理赴宴谈心："两位经理都是雪岩的左膀右臂，负责采购不易，商场如战场，将在外君命有所不受，需要根据实际情况做出相应的决策，所以我先敬阿二一杯酒，致谢你不辞辛劳。以后涉及采购，不管是价格、数量，还是质量，都由你一人决定，别人无权干涉。"

然后，胡雪岩又倒上一杯酒对药店主管说："阿大，我再敬你一杯酒。作为整个药店的总负责人，你忠于职守，我感激你的事无巨细。企业如同家庭，家和才能万事兴。所以你们要放下分歧，各司其职，把我们的店铺做好。"

人心聚，才能开创新的局面。这番话，虽然没有指出谁对谁错，却委婉地说出了自己的立场，作为不同部门的管理人员，两个人必须分工明确。同时，这一席话对进货经理也是一种威慑。刚才还争执的两个人都心悦诚服，再也没有针锋相对。

胡雪岩并非是和事佬。进货经理和主管的矛盾，来源于信息的不对称，并非蓄意不和，所以胡雪岩不但不生气，反而很欣慰。他主张人要"和"，厌恶人为制造矛盾，蓄意挑起事端。

同样是药品采购，有一次一个采购人员因为疏忽大意，竟把豹骨误作虎骨买了进来，并且数量巨大。有个被新晋提拔的副手知道了此事，认为这是自己取代采购经理的机会，便找到胡雪岩，暗地里汇报了此事。

药品出错，事关人命，不是闹着玩的。胡雪岩听后，匆匆前往仓库查对，确认事情真相后，命人将豹骨当场销毁。

采购经理心怀内疚，把责任全部揽到了自己身上，并替采购人员求情说："此人做事牢靠，并非有意为之，只因一时疏忽造成了失误。幸运的是还没有入药，请求东家看在往日的情分，高抬贵手，让我一人承担全部责任。此人还要靠这份工作养家糊口，如果被辞退，一家老小生计无着，在这兵荒马乱的年代着实让人心酸。"

有人告密，有人承担，有人说情！

意外事件彰显了人性，胡雪岩心中已有决断。他对采购经理好言抚慰："忙中出错，在所难免，人非圣贤，孰能无过？接受教训，才能积累经验，以后小心就是。"

那位自以为举报有功、可以升职加薪的副手怎么也没想到事情的结局会是这样，不由得懊悔不已。得罪了同事是小事，如此小人行径被老板知道，怕是连饭碗都难保了。果然，胡雪岩让人送来了清退书，责令其另谋高就。

靠着一双慧眼，胡雪岩网罗了大量精英为自己服务。考虑到只有固定工资，无法让这群人的效率最大化，胡雪岩在开办胡庆余堂的时候，又推出了人才入股制度，让每一个有才能的人都能够参与到集团的发展中来。他将股份作为福利奖励给员工，让那些没有本钱入股的伙计也能得到分红。

他将股权分为两种，有钱的拿钱入股，除了工资以外还有红利；没钱入股的，则以工作效率入股，用股份做奖励，然后分红利。他还创立了阳俸和阴俸制度。阳俸针对的是为胡庆余堂奉献终生的员工，这类员工可以有退休金；阴俸针对的是离世的员工，他们的家属可以获得一定的补贴。

另外，针对那些对集团发展做出了重大贡献的人，胡雪岩特别设立了"功劳股"，并且规定这个股份可以养老。即便退休，还可以继续支取。

奉献多大的力量，吃多大碗的饭，每个人的未来都与企业的发展息息相关，这是一套完美的人才挖掘、奖励和笼络体系，具有前瞻性，也具有持久性和创造力。

有一次，胡庆余堂所在的大井巷口发生了火灾。正当胡雪岩因为波及胡庆余堂而非常沮丧时，伙计孙永康在别人的搀扶下抱着店门口的两块金字招牌满脸灰尘地走了进来："东家，我把您亲手书写的牌匾给保住了！"

金字招牌是胡庆余堂的门面，孙永康冒死抢回，可见他对店铺的看重。胡雪岩也给予了孙永康"功劳股"的最高奖励，孙永康去世前一直都在领取。

四、有　情

1

　　胡雪岩极其看重做人，看重人与人之间的情义。

　　他为朋友两肋插刀，也看重雪中送炭的朋友。

　　在钱庄做学徒的时候，有个绩溪老家的朋友来投奔胡雪岩。可是那人刚到杭州，就因为水土不服病倒了。胡雪岩那时只是学徒，薪俸微薄，需要先支付五两银子的定金，大夫才能出诊。

　　胡雪岩犯难了，思来想去，他觉得朋友投奔自己是一种信任，绝对不能因为没有钱就丢下对方不管。他决定向一位有钱的朋友借钱，请大夫为自己的老乡治病。不巧的是，朋友外出了，只有他的娘子在家。胡雪岩等着拿钱救人，便顾不得其他了，坦诚地说明了来意。

朋友的娘子见胡雪岩一脸焦急，便应允了。胡雪岩十分感激，从怀中拿出一个镯子说："多谢嫂嫂！现如今我没有钱还您，手头只有这件东西还值一两银子，虽然不抵借款，但可以作为借钱的证明。待来日我有钱了，再来赎回。"

常言道："救穷不如救急。"为人解燃眉之急，那是极大的恩情。后来，胡雪岩把钱还上了，却觉得此情不是还上借款就可以还清的。

当胡雪岩归还五两银子的时候，朋友的娘子便想把镯子归还给他，胡雪岩却对朋友夫妻二人说："我还了你们的钱，还没有还你们的情，等我还了你们的情，我再来取它。"

后来，胡雪岩的朋友因为生意失败陷入困境，典当了家业。胡雪岩听说后，不惜花重金连本带利地将朋友的产业赎回。朋友夫妻对胡雪岩感激不尽，胡雪岩这才收回了当初的镯子。

胡雪岩也看重血缘亲情。

古人注重企业家族化，一人富贵，大家都跟着沾光。胡雪岩的兄弟姐妹、同乡挚交也进入了商圈，但胡雪岩把握住了一点——没有让他们成为自己企业的管理者，而是手把手地扶持他们，让他们成长为了独立的个体。

胡雪岩的弟弟胡月乔天资聪慧，成人后也到杭州发展。胡雪岩没有让弟弟成为自己的传声筒。

当时战乱频发，军火走俏。胡月乔也参与了进来，想通过买卖军火牟取暴利，结果被同乡举报，关入了监狱。

官员众多，总有打点不到的地方，胡雪岩万分焦急，花了很多钱上下打点，才让自己的弟弟重获自由。这件事让胡雪岩认识到，弟弟和自己不一样，很多生意可能自己能做，弟弟就不行，因此他让弟弟停止了危险的军火生意，转而投向药品行业。胡雪岩认为当时战争频繁，药品紧缺，而且不像军火那样被官方管控，利益也巨大，发展一定不会错。

据胡月乔的后人回忆，胡月乔后来做了人参鹿茸生意，一直在东北跑生意，后来做了胡庆余堂的供货商。胡氏兄弟的生意分得非常清楚。胡雪岩对药材的供应把关严格，如果胡月乔给他劣质商品，他一样会无情拒绝，从不会因为他是自己的弟弟而通融。

有原则，有底线，是做事的方式。胡雪岩并不是冷血无情的人，相反，长兄如父，他将自己的很多人生经验都传授给了自己的弟弟。比如尊重员工，待员工如家人，年底发福利；一定要为自己留后路；一定要相信他人一次；别人有事帮一把，先别想着回报，等等。胡月乔基本就是按照胡雪岩的教诲，一面做生意，一面做人。

据说胡月乔年轻的时候，曾经救过一位陈婆婆。陈婆婆落难，带着孩子差点儿丧生在冰天雪地中，幸得胡月乔收留。后来胡月乔去上海发展，就将自己在杭州的房产托付给陈婆婆看管。没想到，陈婆婆尽职尽责，还把每年的房租送到上海。

胡月乔的后人深受影响，将这种品质传承了下来。

2

胡雪岩重情，最绝的是将男女私情利用到了极致。

胡雪岩有一个软肋，就是风流好色。他认为："食色，性也！自己这辈子一不做官，二不图名，但只为利，娶妻纳妾，风流一世，此生足矣！"

《见闻琐录》中记载说，胡雪岩酷爱美色，喜新厌旧，觅到佳人，便请人下聘礼；新鲜劲儿一过，就给这些女孩一些钱，把她们放走，"凡买而旋遣者，殆数百人"。

《庄谐选录》中也记载了这样一个故事：

胡雪岩经过一家裁缝店，偶然回头，对裁缝店老板的女儿心动不已。这位女子觉察后，没有给胡雪岩好脸色，而是以好色之徒看待他。胡雪岩心中很不是滋味，觉得伤了自尊，回家后就派人拿着丰厚的聘礼向裁缝店老板提亲，誓要将女子娶回家。胡雪岩如愿以偿，新婚之夜，他命贴身侍从高举蜡烛，让新娘子赤身裸体地卧于床榻之上，极尽揶揄之词。然后，他大笑着走出房间，第二天就将姑娘送回了娘家。

另一本《南亭笔记》中记载了胡雪岩的另一则趣闻：

一天，胡雪岩去妓院寻乐。妓女这个行当最是势利，她们做的是皮肉生意，见客人无钱无权便轻视，见有钱人腰缠万贯便笑语相迎。

胡雪岩虽已腰缠万贯，但穿得平常，意外地遭了冷遇。年轻的姑娘们觉得他无油水可图，毫无热情。幸亏一位年老色衰的半老徐娘将胡雪岩奉为座上宾，才让他摆脱了尴尬。

胡雪岩是风月场上的老手，自然清楚里面的曲折，他不动声色地和"徐娘"娱乐了一番，然后悄然离场，第二日便让人送了两包金叶子给昨日接待他的人。年轻的姑娘们方知昨日得罪了贵客，后悔不迭。老鸨于是出了个主意，让"徐娘"以答谢为由，再邀胡雪岩。

胡雪岩早已了然，虽然已失去了对女子们的兴趣，依旧欣然前往。不过整场宴席中，他都不发一声，即便妓女们使出了浑身解数，他仍不苟言笑。

混迹风月场所日久，胡雪岩也解悟了人性。世间的女子大都重情，很多女人都是身不由己的，为她们安排一条出路，反而更能收复其心。

胡雪岩的生意需要妥帖的亲近之人帮忙打点，于是他任用了很多女人参与到自己的企业经营和规划中来，并充分利用她们不同的价值，完成企业的发展。

胡雪岩将有独立思考能力的女人收为姨太太，让其做自己生意上的帮手；如果是生意伙伴喜欢的，就让她们去笼络人心，成为自己的耳目。

据说胡雪岩的原配姓陆，是个标准的贤妻良母，她替胡雪岩照顾母亲，操持家务，尽心尽力。尽管这位夫人没有成为他生意上的助手，却为其安顿好了后方。她可能不是胡雪岩心目中的完美女人，但作为正妻，她的端庄贤淑恰恰是最适合的。

后来，在灯红酒绿中，胡雪岩遇见了自己的第一位人生知己——被卖入妓院的芸香。这位小姐出身于书香门第，诗书礼仪，样样精通，因家道中落，才流落烟花。

英雄难过美人关，人间尤物更是人人垂涎。胡雪岩看中了芸香的美貌和气质，便替她赎了身。胡雪岩本想将她收入房中，但是女人太过美艳，也是一种灾难。后来，胡雪岩看王有龄缺少这样一位美艳的小妾，便将芸香当作礼物送给了王有龄。

见惯了男女逢场作戏的芸香对于胡雪岩的安排毫无怨恨，反而感念他的赎身之恩。王有龄当时已经是巡抚，能成为他的小妾自然比跟着胡雪岩地位更高。她甘愿做胡雪岩的卧底，替他传递信息。

胡雪岩见这招好用，在攀附何桂清时便故技重施，将自己身边另一个貌美如花的女人送给了这位两江总督，既维护了利益关系，也安插了一名眼线。

除了利用女性做眼线，胡雪岩也尽心挑选自己的枕边人。胡雪岩的业务广泛，分支机构众多，仅钱庄就多达二十处。胡雪岩便让这些被纳为妾室的女人，替他承担起掌管分支机构的生意往来的重任。这些女性都是能独当一面的专业人才，有精通典当的，有擅长理财的，有出身于医药世家的……可谓才色兼备。她们在为胡雪岩掌管店铺的同时，也为自己谋取福利，因此皆竭心尽力。

见过了太多女人，也玩弄了太多女人，真正让胡雪岩认可的完美女人少之又少。在他的妻妾中，只有一位叫罗四夫人的女性深得他的赏识。

关于罗四夫人的传说极多，传言她是胡雪岩早年在杭州的旧识，出身于医药世家，为人聪慧，擅长管家。因为她住在螺蛳门外，人们又送了她一个"螺蛳太太"的外号。不过，阴错阳差的是，与胡雪岩相识时，"螺蛳太太"已经名花有主，嫁给了罗氏，这段缘分也便就此搁浅。

后来，罗四夫人的夫君亡故，罗四夫人来到上海生活，为了糊口，和女儿一起开了一家绣庄。偶然的机会，罗四夫人与旧相识胡雪岩重逢了。虽然此时罗四夫人已经成了寡妇，但胡雪岩对她并未生嫌弃之意，矢志要其做自己的女人，并且如愿以偿。

罗氏太太精通管理，将往来账目打理得十分清楚，进入胡家后，因为才能卓越，成了正式的掌印夫人，与胡雪岩联手开拓了胡氏集团的商业版图。

五、担 当

1

　　"为富不仁"深入人心，但胡雪岩却认为，做人一定要有一点义举、善举，要"富而有德"。因为赠人玫瑰，手有余香，仁义之人才能走得更远。

　　关于胡雪岩的义举善行在民间广为流传。

　　太平天国运动平息后，清政府重开科举。春闱时，需要封闭好几天，有很多举子，因为一心把功夫用在读书上，缺乏锻炼，临近大考，一紧张，总有些人因为体力不支出问题。胡雪岩预料到这种情况，便免费提供具有提神、醒脑等保健作用的丸散膏丹给参加考试的众人。

　　有一个叫杨乃武的举子因为小白菜一案牵扯入狱，姐姐杨菊贞与弟弟情义深厚，始终不相信弟弟会杀人，便四处奔走，为杨乃武申冤。当她得知杨乃武被屈打成招后，便找到弟弟的同窗好友吴以同寻求帮助。当时，吴以同被胡雪岩聘为子女的家庭老师，他认为胡雪岩神通广大，便将此事告知了胡雪岩。

胡雪岩听后，觉得此案很可能是冤案，便写信给自己的同乡夏同善，还出钱让杨菊贞赴京告御状。胡雪岩还写信给京中票号的掌柜，让其收留杨菊贞。夏同善为人正直，此案最终水落石出，真相大白。杨乃武出狱后，首先前往拜谢了胡雪岩。胡雪岩同情他的遭遇，再次赠银，让其赎回为打官司典当的家产，可谓仁至义尽。

除了资助举子，胡雪岩对其他公益活动也很用心。

当时钱塘江上没有大桥，老百姓只能坐船摆渡过江。摆渡分为官渡、民渡两类，都需要付钱，很多贫苦的人因为没有钱无法过江，只能望江兴叹，而且，钱塘江每到汛期水位都会上涨，水流湍急，有很大的出行隐患。

有一年，胡雪岩去萧山办事，渡船上的人很多，胡雪岩被推搡着把身边一个孩子的竹篮挤倒了，篮子里的豆腐全泼到江里喂了鱼。小孩子怕回家被父母责打，便哭了起来。胡雪岩连忙掏出一块银子安慰他说："别怕，再买一块就可以了。"

没想到这个孩子认死理，不肯多收他的钱，只要买豆腐的六文钱。胡雪岩没带散碎的铜板，人在江中又无处兑换，一时间犯了难。他一面哄小孩，一面思考解决问题的办法。

这时候，身边的一个小叫花子伸出了援助之手："先生，我有，暂时借给您，您兑换后再给我。"

胡雪岩接过钱，道了谢，对小叫花子说："你叫什么名字？"

"俞小毛。"

胡雪岩点点头，上岸后借了船家的纸笔写了一张借据给俞小毛说："你的恩惠我感激不尽，这是借条，上面有我的地址，你可以随时来取钱，我会给你双倍的利息。"

俞小毛和胡雪岩分手后，得了去处，做了船匠的徒弟。师傅看中他的品格，将他纳为乘龙快婿，自此发迹，六文钱的事也没有了下文。

胡雪岩成了杭州城内炙手可热的人物后，俞小毛的妻子在偶然间翻出了那张六文钱的借条，看到落款处竟写着胡雪岩的大名，不禁大吃一惊。

俞小毛将事情的来龙去脉讲了一遍："大佬也有窘迫的时候！"夫妻二人笑弯了腰。

隔壁邻居陈老汉知道了这件事，出于好奇让俞小毛把借据拿出来看看。陈老汉看后说："你去找胡雪岩要钱，你看，上面写着，'借钱六文，本息隔日加倍奉还'。这么多年过去了，已经成了一笔巨款了！"

俞小毛找到胡雪岩，胡雪岩看到借据后便吩咐账房先生按息支付。账房先生一看借据，吃惊不已："按照您写的，本息隔日加倍，只算到第三十天，已经是六十四亿四千二百四十四万五千八百二十四文。恐怕把胡庆余堂给他都不够还的。"

胡雪岩心下一凛，没想到自己的一句话竟然让自己掉到了坑里。

俞小毛笑着把借据烧毁了，然后说："胡老板，您不用揪心，我不是找您讨债的，而是有求于您。钱塘江沿岸的居民都靠摆渡过江，能否请您慷慨出资，多造几条船用于义渡，服务大家呢？"

胡雪岩听后赞叹不已："真是仁义之人，仁义之事。"

这个故事真假难辨，但胡雪岩的善举是真的。应宝时撰《铸钱塘江渡碑记》记载：

> 钱塘义渡，古未之有。同治三年，粤匪初退之后，杭绅胡君光墉时方主善后事，垂念钱塘江中渡船以多得钱为利，人众载重；又不论潮流风大，黑夜贪渡，往往至倾覆，虽悯之无法可拯也。

同治三年（1864），胡雪岩花费十万两白银，在望江门渡口五里外的南星桥三廊庙建起了当时浙江内河最大的码头；又在古文献学家、藏书家丁松生的赞助下，购买行驶比较平稳的方头平底大木船数艘，于同治八年（1869）正式免费载客，以方便众人。在运营期间，没有发生一起船只颠覆事件。

"义渡"只是开始，洋务运动兴起后，胡雪岩看到国外建造的大桥图样，又生出了新的想法，想要聘请洋人技师，规划图纸，谋划建造钱塘江大桥。据记载，胡雪岩延请英、布（德）、法三国精究工程之士八九人，前往履勘数次，筹垫一千金。可惜这个计划因为胡雪岩的人生变故搁浅了。

2

小商做事，中商做势，大商做人。

胡雪岩常说，无论为官还是为商，都要有社会责任感，既要为自己的利益着想，也要为天下黎民着想。否则，为官便是贪官，为商便是奸商，这两种人，都是没有好下场的。

胡雪岩无疑是一位有担当的商人。

胡雪岩喜欢赞助修桥。据《杭州河道故事与传说》记载，京杭大运河的支流西塘河上的占星桥，就是胡雪岩捐资修建的。

此桥兴建于光绪七年（1881），以前是一座木桥，因年久失修，行走于上，非常危险。尤其江南多雨，如果不加修缮，一旦被大雨冲刷垮掉，势必会给居民的出行带来不便。经过商量，当地居民决定募捐建造一座石拱桥。但是因为居民大都是贫苦人家，集资来集资去，连材料钱都不够。

村里有一户张姓人家的儿子在胡庆余堂做学徒，听说这件事后建议说："我的老东家胡大善人对铺路修桥很是热衷，认为此乃大德。如果请他帮忙，一定能够成功。"

村里的族长对此事很重视，认真写了拜帖，选了个黄道吉日，前往胡雪岩的府上拜访。很不凑巧，当天胡雪岩去喝寿酒了，没在家。族长很沮丧，只好留下拜帖，无奈地坐船返回。

胡雪岩回家后，门人便将村中族长穿戴整齐、为募捐前来拜访的事禀报了一番。胡雪岩很感动，第二天就派得力之人带着回帖和一千两银子前往占星桥。

不久后，石桥如约开工。新桥为单孔石拱桥，跨度九米，桥面图案优美，一直沿用至今。虽然记载胡雪岩捐资助桥的石碑没有了，但经两岸的居民口口相传，这段逸事便被写入了杭州古桥的历史中。

除了热心公益事业，胡雪岩对维护民族瑰宝也有自己的见解。同治和光绪年间，胡雪岩曾两次东渡日本。

那时候因为明治维新运动，日本的佛教受到严重打击。日本最初的宗教信仰是"神佛习合"，即神道、佛教不分家。维新之后，神佛分离，神道被尊，佛教被打压，大量僧人因为政策被迫还俗。寺庙和佛像多被损毁，很多寺庙都在出售廉价的铜钟。

胡雪岩到日本时，恰遇到"废佛毁释"运动，他觉得这些古代的铜钟若被当作废铜废铁卖掉实在太可惜了，便买了五十多口，运到大阪等沿海地带，通过海运，运到了浙江宁波，再经漕运运到杭州。

胡雪岩让人在这些铜钟上刻上"钱塘弟子胡光墉敬助"的字样，捐献给了杭州的城隍庙、文昌庙、铁佛寺等十几处庙宇；很多铜钟至今仍在使用，成了中日文化交流的见证。

胡雪岩游走于茶馆，对茶馆说书人讲述的扶危济困、匡扶正义的仁人志士很倾慕。

有人说距胡雪岩宅邸不远的抚宁巷"王坟"就是岳飞的衣冠冢，因为年代久远，损毁严重，联想到当年岳飞的遭遇，不禁让人唏嘘。

胡雪岩听说后，便找人给"王坟"做了鉴定，他认为不应该让这种忠君爱国的志士沦落到坟冢荒芜的下场，便出钱进行了修缮。修缮完毕，胡雪岩自认是个无知的人，在《王坟碑记》中对这个过程进行记录：

伏虎庙后有大冢，相传为王坟。《咸淳志》：伏虎大王庙，实即在此，则当宋代建庙时，并葬王衣冠于庙后，如岳王之于栖霞岭无疑，今因岁久圮坏，亟为修葺，以存旧迹矣，俟诸博考云尔。光绪丁丑（1877）秋仲里人胡光墉识。

在这段碑文中，胡雪岩提出"伏虎庙后有大冢，相传为王坟"的疑问，然后根据《咸淳志》《康熙钱塘志》两志考证，得出了"则当宋代建庙时，并葬王衣冠于庙后"，"如岳王之于栖霞岭无疑"的结论，为后来的文物修缮工作打下了基础。

第三章　纵　横

宦海沉浮，商场博弈。

阴谋藏在灰烬，诱惑怀着敌意。

风口上命运起伏，浪尖上弄潮追逐。

理性，激情，全力以赴，纵横捭阖成大局。

一、突　围

1

时势造就英雄，胡雪岩说："我做生意，都和时局有关。"

咸丰元年（1851），新皇登基，太平天国运动爆发。胡雪岩精准地把握住新皇登基百废待兴、战时物资供应紧张的时机，攀附王有龄、黄宗汉、何桂清，建立了胡氏商业帝国的雏形。

但随着太平天国运动的发展，胡雪岩依附的何桂清迅速腐化。他责令王有龄、胡雪岩等人，搜刮百姓，劝捐大户，筹措粮饷。咸丰皇帝非常欣赏何桂清的办事效率，把剿灭太平军的希望寄托在他和江南大营身上，并责令何桂清坐镇常州，随时待命。

何桂清虽然在督办粮饷上有所成就，却是个贪生怕死之辈，官品非常差。国难当头，他完全无视太平军在屁股后面追命的危机，只想享受暂时的偏安，被皇帝钦点坐镇常州以后，"征款筵宴"，四处猎奇美女，供自己享乐。

舆论一片哗然！有人因此上奏皇帝，认为何桂清担不起大任。连和何桂清一起长大的王有龄也觉察到了何桂清的不作为，私下写信给他：

事棘时危，身为大臣，万目睽睽，视以动止。一举足则人心瓦解矣。

于是，何桂清在给皇帝的奏章中大表决心：

丹阳以上军务，和春、张国梁主之。常州军务，臣与张玉良主之。

言外之意，江南大营万无一失，常州有我何桂清在必然如铜墙铁壁。然而，这种豪言壮语说出不久，常州就迎来了危机。

咸丰十年（1860），清军进攻安庆，天京告急。太平军以忠王李秀成、英王陈玉成为帅，经安徽广德，浙江安吉、长兴，率领精锐准备奇袭杭州，想以围魏救赵之计解天国之困。二人虽是青年将领，但是骁勇善战、智谋卓越，竟然攻陷了清军苦心经营两年之久的江南大营。随后他们掉转马头，直逼常州。

面对太平军的攻势，何桂清并没有积极抵御，而是先令自己的手下将家眷暗暗送出城，然后自己率领军队，丢下民众准备窜逃。常州士绅见此情景，都很焦急。于是众人一起挡在何桂清撤退逃离的城门前，长跪叩头，乞求他以百姓为重。

一开始，何桂清想蒙混过关，说自己不过是前往苏州筹集粮饷。可士绅们并不买账，拒绝让出道路。何桂清大怒，竟然将请愿的十九人全部打死。守城将领出逃，常州城不攻自破。

何桂清先是逃到了苏州。苏州守将不耻其行为，拒绝打开城门，于是他又逃到上海租界苟且偷生了两年。局势稳定后，曾国藩历数其罪孽，他才得到了应有的惩罚，被斩首示众！

依附关系成了利刃，王有龄受到质疑，胡雪岩也受到连累。

然而，一波未平，一波又起。英法联军见清政府如此腐朽无能，趁火打劫。他们以修订条约为借口，从天津的大沽炮台登陆。内忧外患，咸丰皇帝根本无力抵抗，他委任恭亲王奕䜣为钦差大臣，留守北京，主持议和，自己则带着后妃、皇子、亲王和一些大臣，匆匆逃往热河行宫。

同年九月，各地捻军起义并发。山东菏泽一带爆发了长枪会农民起义，山东邹县爆发了文贤教起义，淮北人苗沛霖拥兵割据，联合太平天国和淮北捻军与咸丰皇帝"争山"……

政局风雨飘摇，战乱频仍难料，胡雪岩虽然忙着开连锁店，却忧心忡忡。这时，王有龄的贴身内侍来了，他让胡雪岩放下手头的一切工作，随他去府上议事。胡雪岩不敢怠慢，立刻随侍从前往。

王有龄神色黯淡地说："我与胡老弟交往数年，算是故交，就直言不讳了。如今形势不容乐观，总督大人不知所踪，李秀成乘胜追击,已经攻克了苏州,江苏巡抚徐有壬自杀身亡,杭州危在旦夕。你我本是一体,如今可愿与我一起紧守城池,与杭州军民共存亡?"

胡雪岩听明白了王有龄的言外之意,他亦是血性汉子,重视声名,于是连忙起身跪拜:"大人,小人自当效犬马之劳。"

王有龄做好了背水一战的准备,但清军内部八旗兵、绿营兵、团练军并不团结,对于战争的厌倦,使得士兵根本没有足够的斗志去抵抗。相比之下,太平军战斗力极强,他们将杭州城的墙根挖断,炸开通道进入城内,一路挺进到了杭州卖鱼桥。激战之下,巡抚罗遵殿当场自杀,王有龄在阵前由按察使接任巡抚,继续与太平军对峙数日。

王有龄边打边退,因为焦虑和压力,一夜之间须发全白。胡雪岩全力承担起了王有龄的军饷筹备和后勤物资保障工作,做好了与城池共存亡的准备。幸运的是,六日后,湘军围攻安庆,李秀成接到调令支援安庆,回师安徽,杭州的第一次围困得以解除。

叛军退去,满目疮痍,可怜的是一城百姓在夹缝中生存。被清军和太平军两路兵马打劫,九万多人在战乱中丧生,数万名妇女因为听到太平军屠城的谣言,怕遭到太平军侮辱自杀身亡。

历史节点上胡雪岩愁肠百结。江浙一带作为鱼米之乡,是很大的肥肉,乃兵家必争之地。这次围困虽然解除了,更大的变故还在后面。

何去何从,胡雪岩彻夜难眠!

2

咸丰十一年（1861），因为英法联军进驻北京，总理衙门正式登上了历史的舞台。此时，咸丰皇帝已经病重，无法重返京城。因为皇位继承问题，各方力量都在暗中蠢蠢欲动。

七月十六日（8 月 21 日），在烟波致爽殿的病榻上，咸丰皇帝留下遗诏，溘然长逝：

> 皇长子载淳现为皇太子，著派载垣、端华、景寿、肃顺、穆荫、匡源、杜翰、焦祐瀛，尽心辅弼，赞襄一切政务。

尽管安排的妥当周全，却抵不住时局的逆转。新皇年幼，无法主政，两宫皇太后与辅政大臣之间的关系微妙，野心极大的慈禧太后决定铤而走险，联合恭亲王发动了辛酉政变。短短两个月内，被敕令辅佐新皇的八位大臣先后被问斩，太后自此垂帘听政。

新旧政权交替，太平军紧紧抓住这一有利战机，再次反扑。此时，湘军围困安庆已久，双方对峙已进入白热化阶段。太平军由上一次围困杭州看清了一件事——江浙一带是清军粮饷的供应之地，至关重要，但是防卫却很薄弱。于是他们改变战术，于咸丰十一年（1861）四月兵分两路，准备再次挺进浙江。

八月，曾国藩的湘军拿下了太平军盘踞了八年之久的安庆。太平军一路佯装退守，却在半路顺势转战江浙，企图拿下杭州。李世贤部先行拿下了浙东、浙西，随后，李秀成率部自江西攻入浙江，两军于十月底会合，对浙江形成夹击合围之势。

清军提督张玉良身经百战，经验丰富，眼见太平军有合围杭州城的势头，非常焦急。他派副将况文榜快马送信给浙江巡抚王有龄，让其带领城内的绿营军和团练军尽快出城与城外清军会合，共商退敌之策。

遗憾的是，王有龄是一个文官，对战事的瞬息万变没有足够的认知，迟疑之际，李秀成已捷足先登，切断了杭州城与外面的联系，在城外筑营数十所，将杭州包围。据《清史稿》记载，张玉良见到这种情况，带领守备林寿春奋不顾身，"辄身临前敌"，企图突破重围，不幸"中飞炮，殁于军"。

杭州城内人心惶惶。被围数天后，全城混乱，米价一路飙升到一两银子一升，哄抢物资的事件频发，举城恐慌。更令王有龄忧心的是，军队无粮，士兵情绪低落，难以与太平军对垒，只能紧闭城门，静待救援。

署理两江总督事务的江苏巡抚薛焕亦无比焦急，他让人押解军火、米粮，企图从水路救援杭州。然而太平军早有准备，押运的粮草都成了李秀成的战利品。

据《光绪太平续志》记载，此年的杭州天气"腊底严寒，冻雨洒树，垂冰数尺，风过琤然"。城门封闭，草木不接，粮食逐渐断绝，全城百姓的生命都悬于一线。

王有龄找到胡雪岩商量对策，意欲佯装与李秀成大战，让胡雪岩与湖州豪绅赵炳麟突围出城，前去筹办粮饷。这是胡雪岩经商以来，遇见的最大的一次危机。他非常清醒，自己的大部分身家都在杭州，此去赴上海采运粮米和军火，前途未卜。但想到一城百姓的安危，只好临危受命，辞别了老母亲，硬着头皮趁夜色出城而去。

等胡雪岩将两万石大米押解到杭州城外时，他遇到了和薛焕一样的问题——无法突破重围，送粮食进城。

胡光墉航海运粮，兼备子药，力图援应，舟至钱塘江，为重围所阻，心力俱瘁。

焦急失落的胡雪岩只好停靠在稳妥之处，另想对策。

杭州城内，"营官反令兵卒持刀向民索取粮草搜罗食物为名，以致翻笼倒箱，掳掠金银宝物，甚至天幕地板拆损，无所不至"。

军民相互伤害，混乱不堪，连巡抚王有龄也到了以谷糠为食的境地。

王有龄病急乱投医，竟然对百姓说自己梦见"观音显圣梦示，在艮山门内有观音土，其色苍白，可暂充饥"。饥饿的百姓如同抓住了救命稻草，取回观音土，以油酱烹烧。而吃了这种土的人，"安卧不得而起，魂归阴府矣，不下万千百人"。

　　最惨烈的是，封城两个月后，竟然发生了人吃人的惨剧。据沈梓《避寇日记》记载，当时"饿夫行道上每扑而死，气未绝而两股肉已被人割去"，真是古今未有！

二、赏　识

1

　　带着粮食在钱塘江徘徊的胡雪岩，听到王有龄自杀、杭州城破的消息后，悲伤不已。生意上的损失还在其次，最重要的是，胡雪岩的家人还在城中，危在旦夕。太平军的口号是"薄赋税，均贫富"，作为杭州城的富户，胡雪岩的钱庄遭洗劫已经成了定局。

　　挫败感丛生，但是坐以待毙不是胡雪岩的作风。

　　短暂的绝望之后，他开始分析当下的时局。杭州是大清的钱袋子，城池被攻破这样重大的事一定备受关注，朝廷一定会委派新的得力干将前来收复杭州。如今慈禧太后掌权，她看重曾国藩，加大了对湘军的扶持，令其节制苏、浙、皖、赣四省军事，全面负责对太平天国的战争，那么，能够解救杭州的只有湘军。

果如胡雪岩所料，杭州城破后，曾国藩举荐左宗棠为浙江巡抚，前往杭州主持军中事宜。

左宗棠二十岁中举，却在会试中屡试不第，四十岁时才以幕僚身份参政。但他遍览群书、钻研兵法、灵活机敏，很快就在保卫长沙的战争中一战成名。太平军攻破江南大营后，他顺势在湖南招募了五千人，组建了"楚军"，成了一方大员。

左宗棠受命浙江巡抚，由江西、安徽边界进入浙江，展开了对杭州外围的肃清。他的部队同样因为缺粮寸步难行。胡雪岩听说这个消息后，意识到这是千载难逢的机遇，便带着手中的两万石粮食前往了楚军大营。

左宗棠在进入浙江前，已对浙江方面的情况做了大体的了解，他知道何桂清、王有龄都信任城中的富商胡雪岩。他甚至还听说了这样一个传言，说王有龄在自缢前，曾给胡雪岩十万两银票，让其购买粮食，但是胡雪岩贪生怕死，携款滞留上海，一去不返。因此，左宗棠对胡雪岩没有好印象。听说此人前来献粮，左宗棠不由得联想到商人的狡诈，觉得他肯定另有所图。

左宗棠命人将胡雪岩宣进大帐，仔细地盘问了他。

胡雪岩已在外漂泊多日，看见左宗棠，他很激动，含泪讲述了杭州被围困的情况，以及自己被太平军阻隔无法进城施救的经过。

在交流过程中，左宗棠不由得对胡雪岩刮目相看。太平军的封锁如此严密，胡雪岩能够突出重围，在最短的时间内筹集到粮食，并且没有被太平军打劫，真是奇迹啊。

左宗棠不动声色地对胡雪岩说："你已在外劳累多日，不如到后堂稍做休息，我设宴款待你，你再详细地跟本官说说！"

赴宴？鸿门宴？胡雪岩暗暗紧张，叫苦不迭。他打听到左宗棠脾气暴躁，杀伐决断不拖泥带水，不知道这位将军意欲何为，因此战战兢兢。好在胡雪岩见过很多官员，懂得与官员交流的分寸，紧张之余，他反而更加谨慎，处处彰显自己的智慧。

酒宴之间，左宗棠先是肯定了胡雪岩的行为，而后开出了一个条件，让胡雪岩在三天之内为大军筹集十万石粮食。

"十万石粮食！"胡雪岩听后倒吸了一口凉气。

战争年代，土地荒芜，为了给王有龄筹集粮食，他已耗尽了心力，再去筹集十万石粮食，真是难于上青天。但是胡雪岩知道，他一旦拒绝，就再无翻身的机会，于是只好硬着头皮答应下来。

走出左宗棠的大营，胡雪岩来到自己栖身的钱塘江畔，面对着滔滔不绝的江水，他愁肠百结。他来不及关注自身的安危和杭州城内的家人，立刻乘舟起航，去见了漕帮的兄弟们。当年遇到大旱，他们都有能力筹备粮食，相信此次也没有问题。

此时，能否买到粮食最关键的问题就是粮价。胡雪岩决定暂不定粮价，等战乱平息，再按照市场最高价付款。

漕帮也非常艰难，不敢随便答应，但是听到价格后很心动；胡雪岩又说自己一定不会亏待漕帮，让他们尽力而为，能筹集到多少是多少。最后，双方以三日为期，定下了约定。

　　为了保险起见，胡雪岩又连夜乘船赶往宁波、上海等地的粮食集结港口，紧急购买粮食，以备不时之需。

　　连日奔波，胡雪岩出色地完成了十万石粮食的筹集任务。左宗棠对此大为赞叹，这样的办事效率、募集能力，真是无人能及。左宗棠麾下缺的就是这样一位敢于负责，并且有足够的能力解决问题的人。胡雪岩自此取得了左宗棠的信任。

2

太平军占领杭州后，晚清的政治格局也再次洗牌。

同治元年（1862），新皇登基，得到慈禧太后充分信任的曾国藩成为中流砥柱，除了让左宗棠接任浙江巡抚，还上奏让自己的得意门生李鸿章代替薛焕成为江苏巡抚。随后，曾国藩再命曾国荃率湘军主力进逼天京。同时，左宗棠部、李鸿章部也开始在东部沿线展开对浙杭失地的收复。

此年，左宗棠的部队接连攻克了衢州、金华、宁波、绍兴等重要城市，收复了浙东、浙中、浙西大片地区，为光复杭州做了准备。但是清政府没有钱，解决巨额的军饷问题迫在眉睫，左宗棠思来想去，决定向胡雪岩询问军饷筹备的方案。

胡雪岩分析了当下的局势，认为除了政府提供外，可以采用罚捐的方式筹集粮饷。如今太平军势力强劲，很多官兵叛逃，与其责打，不如让他们用钱财抵罪。左宗棠觉得这是个好办法，但是罚捐只能解决一部分粮饷。

胡雪岩动情地说："如今我的家人也被困杭州城内，我周边的钱庄店铺还有些积蓄，我愿意用以支持大人。其他的，我也会尽自己最大的能力筹集。"

左宗棠没想到胡雪岩竟有这样的胸襟抱负，于是推心置腹地与胡雪岩探讨起当下的时局。

胡雪岩坦诚地说："当下太平军最害怕的就是洋人的枪炮，薛焕当年组建洋枪队，人所共知。您也看到了，洋人的武器能够以一当十，湘军若借助洋人的力量，作战能力可提升数倍。我们为什么不组建一支这样的队伍做先锋，掌控战争的主动权呢？"

左宗棠听后哈哈大笑，英雄所见略同，他早有此意，只是碍于没有购买军械的款项和方案，一直未落到实处。看胡雪岩的样子，定是对此事有了把握，不如听听他的意见。

胡雪岩受到鼓励，说出了自己全部的想法："没钱不是问题。据说上海有一种银行是专门和洋人借款的，我们可以去贷款，聘请洋人做教练，与洋人合作组建军队。等到我们掌握了洋枪的使用方法，赢得了战争，接管了杭州，还款不是问题。"

左宗棠认为胡雪岩的建议可行，于是委派他前往上海借款，购买军械。

同治元年（1862），左宗棠募集士兵约千人组建了"常捷军"。这支军队，以勒伯勒东为统领、日意格为帮统，对士兵进行了严格的军事化训练。因为武器精良、训练有素，让太平军闻风丧胆。

作战效果显著，左宗棠决定将常捷军的人数扩充至一千五百人（最多时达三千人），战局得以迅速扭转。只用了一年的时间，左宗棠就收复了余姚、奉化、富阳等地，并于次年年底，展开了收复杭州的决战。

失去一座城市不容易，收复一座城市更难。

固守杭州的太平军太顽固了，清军先后发动了三次大规模的攻势都败下阵来，损失惨重。双方都很清楚杭州的战略位置，因此都用尽了全力，左宗棠更是亲自督战，希望一鼓作气，拿下杭州。但是，事与愿违。他不得不更改策略，效法当年的李秀成，采取围城的战术，和太平军搞起了拉锯战。

太平军极其顽强，杭州被围半年之久，都没有投降。不过，长久的围困最终见效，太平军因为食物匮乏，心理防线崩溃，发生了叛逃事件。左宗棠借机发动猛攻，击破了守城军队的最后防线，杭州就此收复。

同治三年二月二十二日（1864 年 3 月 31 日），左宗棠的大部队进驻杭州，眼前的景象让他大吃一惊。城内尸体遍布，如同荒野，城池残破，如同地狱。可以想象，杭州的军民经历了什么。

未到杭州之前，左宗棠听说这里是江南的繁华之地，买卖兴隆，店铺林立，如今繁华遁去，不由得触景生情："上月，听人言及杭州过往兴盛，今日一见真是令人寒心。"他对自己的副将蒋益澧说："你速去召集杭州幸存的官员，捉拿叛匪头目，我要详细查问。"

幸存的人员找到了，看到楚军，他们如同见了亲人，声泪俱下，详细诉说了当年人吃人，以及太平军接管后瘟疫横行的惨状。

左宗棠听罢，动情地说："战乱之年，最苦莫过于百姓！"

他连夜召集手下官员，盘点杭州城内的人口和基础设施损毁程度，而后制定方案，准备恢复杭州城秩序。

《中国人口史》的数据显示，在这场战役中，杭州老百姓饿死者六七十万，加上自杀、城破后太平军的屠杀和瘟疫，等到左宗棠收复杭州盘点人数时，杭州人口锐减了百分之八十点六，由战前的三百七十二万下降到了七十二万。

当地的乡绅听说大军进驻杭州，太平军一去不复返，无不欢声雷动。有很多人建议休养生息，让百姓恢复生产。其中有一个叫陶祖翼的文人向左宗棠、蒋益澧谏言道，如今杭州城内房屋坍塌，书院废弛，百姓惊恐未定，流离失所，最需要的是休养生息，所以他恳请左宗棠以守城为重，让百姓不再经历战乱，并且详细分析了杭州的实际情况，写下了言辞恳切、兴利除弊的万言书。

左宗棠叹道："真是异才！"

民众尚且如此费心，作为守城的官员更应有所作为。百姓之所以造反，就是因为民不聊生，只有让老百姓过上平静的生活才能平息战乱。

于是，左宗棠上奏朝廷，获得批示后规定了工作的重心：成立赈灾局，减免赋税，支持百姓开垦，大力发展农业生产；劝捐大户，拿出钱来，用于基本的公共设施的重建；支持工商业，通过增收，恢复曾经的繁华；严禁军队骚扰百姓；重用人才，自上而下奉行节俭；拿出一部分军粮，用于救助贫苦百姓，让百姓安居乐业。

陈其元在其所著《庸闲斋笔记》中记载：

  （左宗棠）自奉甚俭，所得养廉银，除寄家用二百金外，悉以赈民。

左宗棠带头捐献了自己的养廉银子，以做表率。

这为左宗棠赢得了良好的群众基础，也为后面从两浙征集粮饷奠定了基础。

三、卓　识

1

　　跟着大军进城，看到面目全非的城池，胡雪岩很是担心自己的老母亲。于是，他向左宗棠辞别，急急忙忙地赶回家中。看到一家人安然无恙，他才放下心来。

　　胡雪岩宽慰母亲："钱的事情，母亲大人不要担心，我在外面赚到钱了，而且现在还有左帅这样的人可依靠，赚钱不是问题。"

　　听了胡雪岩的话，金老太太很惊讶，她非常紧张地问道："战争还可以赚钱！发国难财吗？儿子啊，这个钱不能赚啊！"

　　胡雪岩的心情一下沉重起来。

　　同治元年正月二十九日（1862 年 2 月 27 日），左宗棠给慈禧太后上了一道叫《官军入浙应设粮台转运接济片》的奏章，保荐王若农和胡雪岩为其办理粮饷事宜。得到批示后，左宗棠便让胡雪岩做了浙江的粮台，胡雪岩正式成了清朝的官员。不过，胡雪岩一直没有让官员的身份成为自己的主要身份，反而常在办理政府业务的时候把自己当成商人，这也为他的人生悲剧埋下了伏笔。

因此，他认为在代替左宗棠去上海的汇丰银行贷款、筹备粮饷的过程中，赚取利息的差价很正常。但是经母亲这么一说，胡雪岩觉得完全不是这么一回事，自己确实没有考虑到这一层的利害关系。但是事情已经发生了，无可挽回，他只能安慰母亲说，自己没有发国难财，是在为政府办事。

胡雪岩安慰好了母亲，便去见了左宗棠，此时的左宗棠正在为杭州的灾后重建工作忙得不可开交。见到胡雪岩，左宗棠眼前一亮。虽然胡雪岩的任务是筹备粮饷，但是他做其他事情也很得力，因此左宗棠便就赈灾的问题征求胡雪岩的意见。

胡雪岩说，如今杭州城刚刚光复，当务之急是要埋葬城中的尸体，然后让百姓的生活回归正常，同时对损坏的基础设施进行修复。左宗棠很是赞同，便委派胡雪岩一起参与战后重建工作。

无人认领的尸体堆积如山，胡雪岩便购买了很多棺材，还请了法师念经超度亡灵；同时，他还出资开设粥棚、慈善堂，收养暂时无家可归的人，拿出钱财修缮杭州城内大小的寺庙。

这种义举引发了民众的赞誉，大家都称胡雪岩为"胡大善人"，同时也为他创办的商业集团赢得了良好的社会声誉。很多人就是因为相信胡雪岩的人品，才将自己的钱存在阜康钱庄的，也愿意将自己的东西拿到胡雪岩的当铺典当。

但是随着胡雪岩声誉的攀升，有人提出了不同的看法，这些人向左宗棠汇报，胡雪岩只是表面善良，实际上中饱私囊，暗中与太平军勾结，所以他的一家老小才在杭州被困期间受到了太平军的优待，平安躲过了劫难。

左宗棠知道这是对胡雪岩的嫉妒之词，所以没有理会，还半开玩笑地向胡雪岩询问此事。

胡雪岩说："我与太平军毫无瓜葛，收敛的尸体，我也不知道是太平军的，还是普通百姓的。我只是觉得街头横尸有碍市容，将他们安葬仅仅是出于慈悲。"

左宗棠听后哈哈大笑。他非常信任胡雪岩，便岔开话题，向胡雪岩征求筹款的新途径。

胡雪岩建议继续采取当年的罚捐措施，向被俘的太平军筹集资金。这些人都有积蓄，他们愿意出资购买人身自由。这样既可以解决军队的费用问题，也可以节省粮食。

胡雪岩做的是买卖，经营的是人脉和企业，为利益谋划是其本能。左宗棠听后若有所思，穷凶极恶的要犯早已正法，目前关着的多是无关紧要的士兵，既然如此，不如让他们拿钱赎身。愿意留下的，可以到军中效力；不愿意的，就让他们回家，还可以解决实际问题。于是，左宗棠不但没有因为别人对胡雪岩的质疑而治其罪，反而接受了胡雪岩的建议，又解决了一个棘手的问题。

九个多月后，左宗棠因为在浙江任上收复失地、恢复生产，政绩卓著，升为闽浙总督。临走之前，他推荐蒋益澧代理浙江巡抚，继续推行休养生息的政策。

蒋益澧也是一员干将，此人刚正不阿，与胡雪岩相处融洽。两任父母官的尽职尽责，让杭州的商业环境越来越好。亦官亦商的身份，也让胡雪岩能迅速掌握第一手信息，生意越做越大。

不久后，胡雪岩接到了左宗棠的来信。信中说，因为闽浙一带没有像胡雪岩这样能力卓著的人，他觉得举步维艰。于是，他想要将胡雪岩调至闽浙，继续做自己的左膀右臂。

左宗棠的欣赏令胡雪岩动容。但是，浙江是胡雪岩的大本营，经过战争的重创，他的生意需要重新调整；加之参与朝廷的工作中，精力有限。反复思量后，胡雪岩很真诚地给左宗棠回信，讲述了自己的困境，认为目前必须先把"赈灾"和发展商业做好，待一切步入正轨后才能离开。

接到回信的左宗棠很遗憾，这种遗憾又促使他写了第二封、第三封信。胡雪岩反复斟酌后回信说："如今福建战事吃紧，物资还需要源源不断地供给，我在浙江做你的后勤，比去前线有用。等将军凯旋，天下平稳了，我再去福建和你一起做善后工作。"

左宗棠看罢回信，不再强求。

不久，福建光复，胡雪岩知道自己不能再推辞了，便主动给左宗棠写信，祝贺他旗开得胜，并动身前往福建。

人生自有分定，一次福建之行，为胡雪岩打开了更广阔的门路。

2

　　此次去福建，胡雪岩没有乘坐传统的沙船，也没有通过陆路，而是前往上海搭乘洋人的轮渡。之前，左宗棠在杭州的时候，二人曾探讨过洋人的轮渡如此快捷的原因。左宗棠还请人做过一个小的轮船，在西湖上实验。但是"试之西湖，行驶不速"，没有成功。

　　因此，胡雪岩一直想要坐一次洋人的轮渡。乘坐之后，他才知道什么叫震撼。乘坐传统的沙船去福建，最少也得十天，如今仅用三天就到了。胡雪岩到福建时，他先一步写给左宗棠的信还没有送抵。

　　事实胜于雄辩！飞驰在海面上，胡雪岩完全为这种现代化的轮船技术折服了。为什么大清会被西方列强欺负？他认为，很重要的一个原因是西方人有坚船利炮，而大清技术落后，武器装备陈旧，战斗力跟不上。两军对垒，只剩挨打的份儿。

　　胡雪岩因此产生了一个想法，如果大清能够掌握这种技术，是不是就拥有了把握命运的主动权？一路行走，一路思考，见到左宗棠后，胡雪岩迫不及待地以这次坐船的经历为话题，与他展开了沟通。

　　听完胡雪岩的想法，左宗棠赞赏不已。早在道光二十二年

（1842），魏源就在《海国图志》中提出了自己的观点，要想大清强盛，就要"师夷长技以制夷"，学习西方资本主义国家在军事技术上的长处，改变大清的"战舰、火器、养兵练兵之法"。胡雪岩建议左宗棠成立"常捷军"，就是借鉴了洋人的火器和军队训练方法。但是，大清想要真正崛起，制造战舰也是重中之重。

胡雪岩和左宗棠能够成为盟友，很重要的一个原因就是他们对很多事情的看法相同。左宗棠从年轻时就钻研"经世致用"之学，认为国防建设非常重要，建立现代化的海防迫在眉睫。

仔细思考后，左宗棠写了一封奏折给慈禧太后。在奏折中，他分析了当下的局势，"自海上用兵以来，泰西各国火轮兵船直达天津，藩篱竟同虚设"，指出大清想要强大，"非设局监造轮船不可"，因为"轮船成则漕政兴，军政举，商民之困纾，海关之税旺，一时之费，数世之利也"。他恳请朝廷能够允许学习西方技术，在福建建造造船厂。同时称赞胡雪岩为"军中不可或缺之人"，奏请让其兼任布政使，为政府服务。

这封奏章一送达，不异于在朝堂上扔了一颗炸弹。保守派的官员认为大清自己造洋船是痴人说梦，坚守孔孟之学才是正道，学习外国人的技术有碍于圣人教诲。另一部分人则认为，重视海防可以，但造船不如买船，与其自己学习技术，浪费人力物力，不如直接拿来。

左宗棠认准的事情，绝对不会退缩，他再次上书阐述利弊，认为建立船厂势在必行。

不遗余力的努力，终于等来了好的结果，同治五年（1866），左宗棠的提议被批准，"福州船政局"成立了。左宗棠任命胡雪岩为总建造官，在福建的马尾主持兴办船厂。

当时福建有一家法国人的造船厂想要出售，便找到左宗棠谈判，想要与之合作。

左宗棠认为自己的初衷就是要建造大清独立的造船企业，掌握独立的造船技术，这样纠缠在一起，还是要受制于人，因此拒绝了对方提出的合作模式，转为聘用法国船厂的技术人员，指导他们建造船只。

胡雪岩遵照左宗棠的指示前往上海，向外国银行借款五十万两银子，聘请法国技师日意格、德克碑为正、副监督官，总揽船政事务。左宗棠还亲自制定了《船政章程》，先后建立了铁厂、船厂，定下了五年内建造大小轮船十六艘的目标。

为了让掌握的造船技术得以传承，在船政局之外，左宗棠还命人开设了"求是堂艺局"，招收学员，教授法文和英文，培养造船人才和船只驾驶人才。

与此同时，"晚清三大巨头"之一的李鸿章，在上海成立了江南制造局，专门研究制造巡洋舰。曾国藩组织创办的安庆内军械所，也在攻克南京后，搬迁至金陵，后来由李鸿章接手成立了金陵机械制造局。轰轰烈烈的洋务运动开始了。

遗憾的是，造船厂刚刚动工不久，陕甘地区又发生了捻军之乱。同治六年（1867），左宗棠不得不接受调令，前往陕西任陕甘总督兼钦差大臣，这使得造船厂的工作受到了很大影响。左宗棠深知，单凭胡雪岩一人之力难以维系造船厂，便推荐了在家丁忧的江西巡抚沈葆桢接任船政大臣，让胡雪岩从旁协助。

前往陕西之前，左宗棠和胡雪岩进行了深入的交谈。左宗棠诚恳地说，捻军和太平军有很大不同，他们善于利用地形，很难找到他们并主动出击，需要实际勘察以后做出决断，因此考验多多。但同样需要有人为他做好充足的粮饷保障工作，所以他需要胡雪岩的鼎力协助。

胡雪岩急忙躬身答应，表示但有差遣，在所不辞。

望着开拔的大军，胡雪岩的心上却升起忧愁：自己到底要不要在为左宗棠服务的时候赚取差价？

四、联　盟

1

忧心了几日，胡雪岩想明白了一点，在为左宗棠筹备物资的过程中，自己一定要取得利益。没有人可以一直地无私奉献，只有利益能使双方都心甘情愿。如果胡雪岩只是帮闲关系，他的店铺该如何维系？各种社会关系该如何维系？不但没有办法成为左宗棠的有力后盾，只怕连自身的生活都成了问题。

不久后，胡雪岩接到了左宗棠的加急信件。

左宗棠在信中说，他没有想到自己接手的是个烂摊子。陕甘总督穆图善毫无作为，当地的部队依旧使用陈旧的老式武器，战斗力极低；而且因被当地捻军打得落荒而逃，士气相当低落；加之地形非常复杂，短时间内根本无法结束战斗。

左宗棠一针见血地指出"西事艰难,不在攻战所苦。道路荒远,人兽死亡太多,刍粟无出,转输不前耳",此地环境恶劣,没有粮饷,军队进入战场只有当炮灰的份儿。

左宗棠说他已经写了一封奏章上呈朝廷,将一万多楚军调往此地,参与作战,并调整军队配置。捻军最重要的特点就是骑兵非常迅速,武器装备现代化,所以他准备从察哈尔买来三千匹战马,组建骑兵部队,请求胡雪岩为他购买新式武器。"西人洋枪队式,行列整齐,进止有度,远胜中土",能提升整体的战斗力。他说他已经奏请朝廷,让胡雪岩常驻上海,负责上海采办局的业务和粮饷的筹集,为其部队做好物资供应工作。

在信件的结尾处,左宗棠列了长长的采购清单。

胡雪岩看罢信后叹息不已,既然命运让他和左宗棠绑在了一起,他只能与其并肩战斗。想到这里,他沉静下来,将船厂的工作暂时放下,孤身前往上海。这批由胡雪岩和上海采办局购买的武器经长江运至武汉,然后由马匹运到陕甘地区,最后经由骆驼队运送到左宗棠所在的前线。看着这批费尽周折到达自己手中的武器,左宗棠对胡雪岩的感激之情无以言表。

后来,因为陕甘地区的特殊情况,湘军也向左宗棠伸出了援手,派名将刘松山前往陕甘地区助阵。刘松山带领自己的队伍快马加鞭地赶到前线,成了左宗棠最得力的干将。左宗棠又奏请朝廷调任广东陆路提督高连升为甘肃提督,成为他的得力副手,使战局开始发生扭转。

有了军事装备,有了得力干将,左宗棠开始奏请筹措军饷。

当时陕甘的军费主要来源于协饷和节制陕甘的公务收到的本省税费，非常有限。据秦翰才《左文襄公在西北》记载，左宗棠叹息"筹饷难于筹兵"，只好奏请向外国人借款解决问题：

> 比饬臣军上海采办转运局委员、福建补用道胡光墉，试就上海洋行议借银一百二十万两，照江苏办过成案，由关税项下拨还。兹据胡光墉禀复，现与洋行议定允借。

于是，胡雪岩受此委托，分别于同治六年（1867）和同治七年（1868）两次向外国银行贷款。第一次一百二十万两，第二次为一百万两，月息都是一分三厘，还款期限为半年。

前一次"指定闽、粤海关各代借二十四万两，浙海关代借四十二万两，江汉关代借十二万两，江海关代借十八万两"。

后一次"指定江海关代借十五万两，浙海关代借三十五万两，闽、粤海关各代借二十万两，江汉关代借十万两"。

（此段资料引自《杭州文史》）

粮饷的供应问题得到了解决，左宗棠心中有底了，他采纳好友王柏心的"缓进急战"战术，针对西捻军擅长流动作战、来无踪去无影的作战特点，先把网撒好，在摸清捻军的底细后抓住时机给他们痛击，逐渐缩小了捻军的活动圈，最终在两年的时间里肃清了捻军。

因为成绩卓著，左宗棠受到了朝廷的嘉奖，加太子太保衔，授协办大学士，成了一品大员。在奉旨进京述职时，左宗棠也没有忘记胡雪岩，力陈胡雪岩虽然只是一个商人，但在战争中做出了极大的贡献，希望朝廷不要忘记胡雪岩的功勋。

远在杭州的胡雪岩收到了左宗棠要为他请功的信件，非常感动。每个人都渴望功成名就，胡雪岩不缺钱，他希望在仕途上获得荣耀，光耀门楣。左宗棠的举动也契合了胡雪岩的梦想，使他备受鼓舞，甘心继续为左宗棠服务。

左宗棠在信中还说，战争并没有结束，他仍需要胡雪岩的帮助。边陲地区少数民族聚集，加上很多人对中国的领土主权虎视眈眈，在肃清捻军后，他还要继续平叛回民的叛乱，暂时不能回江南。

在捻军势头迅猛发展的时候，陕甘的回民也借清政府防务空虚之机，起义暴动，并不断壮大势力。同治五年（1866），左宗棠进入陕甘地区剿灭捻军的时候，回民已经成为心腹大患。但当时数病同发，只能一个一个地医治。如今捻军已清，他又接到朝廷的命令，就地整编队伍，整治回民叛乱。

左宗棠再次指出，粮饷依旧是软肋，而这个问题非胡雪岩不能解决，因此接下来还要把筹集粮饷的任务交给胡雪岩。左宗棠的来信，言辞依然恳切，已经超越了官员之间的来往，完全是朋友的托付。胡雪岩很难推托，于是很快回信，答应一定尽力而为。

胡雪岩就这样阴错阳差地成了左宗棠名垂青史最有力的注脚。

2

从同治元年（1862），胡雪岩于杭州城外结识左宗棠，到左宗棠平定新疆，战争的跨度长达十六年。购买军械、筹办粮饷、筹集军需……胡雪岩给予左宗棠的帮助是巨大的。

比如，同治八年（1869），左宗棠攻打回民首领马化龙的据点金积堡，久攻不下，便让胡雪岩购买了普鲁士的后膛来复线式大炮。结果，对方很快就投降了。左宗棠盛赞胡雪岩购买的武器"精巧绝伦，攻坚致远，尤为利器"，节省了和敌人拉锯的时间。

这种鼎力支持，还在持续。因为在肃清了回民叛乱后，左宗棠在陕甘边疆一带又打了第三次仗，西征收复新疆。

就在左宗棠平定回民叛乱的时候，新疆的阿古柏也趁机建立了"洪福汗国"，自立为王。所以同治十二年（1873），回民之乱平定后，新疆的问题又被提上了日程。

当时，同时发生了日本侵占台湾的事件，因此关于是否西征，清政府出现了两种声音。

以李鸿章为首的大臣主张"海防"，认为应该放弃新疆，把钱用在东部沿海的防务上。左宗棠却认为国家领土寸土寸金，都不能放弃，边塞同样重要，应该"塞防"和"海防"双管齐下。

六十多岁的左宗棠因此再次跨上战马，带领"楚军"从陕甘边境开赴新疆。为了表示决心，他下令抬着棺材开赴新疆，立誓马革裹尸，驱除叛逆。朝廷也认可收复新疆的重要性，但国库空虚，没有办法全款支付收复新疆的费用也是现实。慈禧太后见左宗棠如此坚决，便赏赐他同进士出身，并拿出三百万两银子作为军费，送左宗棠上路了。

可是，三百万两实在太少了，连半年的费用都不够。虽然之前打击捻军和平叛回民之乱时，各省"协饷"比较怠慢，但还没有完全拒绝。而这次发兵新疆后，很多省份以"名目太多，协济者苦于应接不暇"为由，直接拒绝支付，所以后续到达左宗棠手中的军费逐渐递减，让其收复新疆的工作直接陷入了绝境。

对于军人来说，打仗就是卖命，没钱卖命，大家肯定有情绪。为了鼓舞军队士气，左宗棠千方百计地筹措资金。他上书朝廷说明自己的处境，请求贷款。奏章批复下来后，左宗棠又委托胡雪岩，通过上海转运局先后三次向外国银行贷款，借贷总额高达一千一百九十五万两。

第一次是在同治十三年（1874）。

左宗棠上奏慈禧：

饬上海采运局道员胡光墉（胡雪岩），筹借洋商银

三百万两，分别汇解臣军，指江苏、广东、浙江三省
应协甘饷，分作三年还款。

这一借款于光绪元年（1875）成功达成。

倾据胡光墉禀：已照臣原议向怡和洋行定借银
一百万两，约期光绪元年三月初一日在沪提银；向丽
如洋行定借银二百万两，约期光绪元年四月十五日提
银。每年加利银一分零五毫。

光绪三年(1877)，又发生了第二次借款。

左宗棠上奏向汇丰银行借贷五百万两，利息是一分二厘
五，分七年，由江苏、浙江、广东、湖北四省协饷偿还。

由于军队贷款需要朝廷审核，一旦审核不通过，凭胡雪岩
的财力，很难偿还贷款。为了避免借出去的钱成为死债，外国
银行商议附带签署一个罚银合同，以确保万无一失：

遂各议罚银十五万两，如三月内官票不到，则罚
银归胡光墉承认，如三月内洋银不交，则罚银由汇
丰银行承认。

第三次是在光绪七年（1881），由胡雪岩负责办理，向汇丰
银行借款四百万两，分六年还清。

借款并不容易，需要政府官员作保，也需要胡雪岩以身家担保。洋人并不待见胡雪岩，双方谈判一度白热化。洋人想用"烂洋圆作足纹抵付"，趁机敲诈勒索，胡雪岩一度拒绝。而总理衙门已经对胡雪岩的谈判行为产生了质疑，让其说清楚"究竟此息或以年计，或以月计"。

为了不影响左宗棠的战事，胡雪岩只好调集自家钱庄的钱先行垫付，再各个击破，解除贷款阻力。

胡雪岩先来到京城，准备先疏通总理衙门的关系。当时任职总理各国事务衙门大臣的是户部尚书宝鋆。为了能够把事情办成，送礼送到宝鋆的心坎上，胡雪岩数日奔波，最终在琉璃厂探听到一条特殊的门道。原来，京官怕收受贿赂被弹劾，便借助琉璃厂变通。

琉璃厂专营文玩字画、书籍古董，想要送礼，先要与琉璃厂商家接头，假装购买想要贿赂的官员家的字画物件。

行贿者交付银两后带走古董字画，并回送给官员作为凭证；琉璃厂留下回扣与手续费后，代为将银子转交给官员。最后，字画回去了，钱财也暗度陈仓，事情也就办成了。

胡雪岩通过这个渠道给宝鋆送了三万两银子。宝鋆也按照约定，在朝会上力挺西征，为向外国借贷辩护，胡雪岩这才拿到了贷款的通行证。

光绪四年（1878），左宗棠收复了和田，光复了除伊犁外的新疆全境。

光绪七年（1881），曾纪泽成功与沙俄签订《伊犁条约》，清政府于次年收回伊犁，战事正式结束。

绪十年（1884），正式在新疆设省。

左宗棠没有忘记那个倾其所有支持他的胡雪岩，他一言以概之，定性了胡雪岩的功绩："雪岩之功毫不亚于前线将士！"

可能有人会说，不就是向外国银行贷款吗，有什么难的？

左宗棠说过这样一句话："闻今年海口缺银，出息三分尚无借者，不知明年又将何如，已致信胡雪岩，问其如何设法。"意思是说，海口一带缺钱，给三分利息都没有肯贷款的，真不知道胡雪岩用了什么办法成功借贷。

这句话不是恭维，当时的恭亲王奕䜣就曾经向洋人借款，结果被拒绝了；而胡雪岩既不是权贵，也没有社会背景，他能数次将这件事办成，确实了不起。

借款不容易，善后更难，从这里开始，胡雪岩走上了"歧途"，人生也因此颠覆。

第四章　鼎　盛

　　红顶戴，黄马褂。

　　豪宅华服，娇妻美妾。

　　他因发国难财被诟病，

　　却建造百年庆余堂成就不朽。

　　戒欺，仁义，诚信，

　　是非功过，任人评说。

一、豪　宅

1

藉官款周转，开设阜康钱肆，其子店遍于南北，
富名震乎内外。

几年之间，胡雪岩成了杭州城内的顶级富豪，钱庄、票号
遍布大江南北，丝行、当铺、房地产等产业遍地开花。

胡雪岩认为，做钱庄生意一定要讲排场，先让别人认同实
力，才能获得信任，才敢把钱放到钱庄，才能实现钱生钱。

古人认为，有钱了要买房置地，这是最大的体面。当时的
徽州商人行走天下，发迹后都喜欢用紫檀、红木、乌木、楠
木、黄花梨等高档稀有的硬木为原料，建造高档房屋，以示荣
耀。胡雪岩也没有免俗，他购得良田万亩，花费巨资，在杭州

建造了两座传承至今的建筑，一座是胡雪岩的私人别墅，一座是胡庆余堂。

同治十一年（1872），胡雪岩开始着手建造豪宅。所谓满则溢，树大容易招风，必须"藏而不露"，所以在选择宅址的时候，胡雪岩选择了一处窄巷。商人都相信风水，认为福地能够聚敛四方财气。有风水先生说，杭州清河坊一带一直是商铺的聚集地，其中的元宝街是唯一的石板古道，契合了"青云之路生财有道"的意喻，绝对是风水宝地。

胡雪岩很动心，便派出自己最得力的助手，逐一与地皮的产权人谈判。商人重利，有人肯花双倍的价钱来买自己的店铺，自然是求之不得。但在谈最后一块地的买卖时，却出现了意外。

最后这块地皮位于元宝街的角上，是一家理发店。店铺的主人并不看重金钱，他说这个店面是祖上传下来的，若卖与他人，岂不是败家？所以不管说客开出多高的价码，他都没有转手他人。

胡雪岩派了几拨人前去沟通，均未成功。虽然以他当时的权势，将店铺搞到手可谓不费吹灰之力，但他认为，在如此忠孝之人手中强夺，有悖道义，不如成全店家，图个好名声。风水先生说："西北角缺失，东南角来补。"胡雪岩便让人打造了一个石质大元宝，压在了豪宅的东南角上，作为美中不足的补救。

后来有人说，胡雪岩生意败落，与宅院西北缺一角，败坏了风水，不无关系。但很多人忽略了一点，恰恰是这份余德让胡雪岩一人被治罪，胡氏后人得以保全。

不管怎样，胡雪岩的豪宅还是动工了，历时三年，于光绪元年（1875）建造完成。

这座宅院以中式传统建筑的中轴对称为框架，融合了江南园林、徽派、西洋等多重风格，由十六个院落、十三座楼宇组成，占地十余亩，花费高达五百万（有人说五十万，也有人说上千万）。

从外部看去，这座建筑物白墙黛瓦高耸，古意森然，并不显山露水。进入宅内，却是亭台楼阁层叠，朱扉紫牖迎面，游廊画栋，假山池沼，古木多多，奢华至极。

中轴区正厅"百狮楼"为待客议事的场所。右边是胡雪岩的母亲及其妻妾的居所，由鸳鸯厅、清雅堂、和乐堂等组成。左边是芝园，传说是胡雪岩为了纪念其父而建。其间有回廊相连，亭、台、轩、榭，错落有致，时而小径通幽，时而照壁挡视，藏风避水，随处可见雕刻的寿星图案、财神图案、牡丹图案，真是令人眼花缭乱。

胡雪岩的母亲极其喜欢子孙满堂，宅院建成后，胡雪岩便将所有的妻妾子女全部接入宅中生活。居室按照尊卑有别，各有安排。

文人许国英在《记胡雪岩故宅》中写道，胡雪岩的居处"中央嫡妻，环列十二金钗，余皆艳婢香巢。椒壁云屏，镂刻较外室益工巧，门窗皆有机栝，可按之启闭。胡翁恐群姬匿私，一机动而诸房都无遁形"。

胡雪岩在自己的居室内放置了如皇帝御榻的八宝床，让妻妾的房间环绕着他，并充分利用西方的先进设备，在每个房间都设置了机关。如果启动机关，房屋与房屋间的屏障就会撤去，各自的情况一览无余。既满足了自己的私欲，还能够对妻妾们进行有效的监控，防止她们藏匿财产。

　　姨太太们居住的和乐堂，应用了德国西门子制造的德律风，总开关设在胡雪岩的房间。因为有金属线与其他房间相连，他只需拿起听筒，按下按钮，就可以和整栋宅子里的人对话，佣人、姨太太随叫随到。

　　当时是最受胡雪岩宠爱的罗四夫人当家，为了取悦胡雪岩，罗四夫人投其所好，为其娶了十几位小妾。于是胡雪岩"筑十三楼以贮之"，纵情声色。

　　被财富迷了心窍的胡雪岩还仿效皇帝，翻牌子让妻妾侍寝。夜幕降临时，侍女便会端上盛着牙牌的托盘跪请翻牌。据晚清作家李伯元所著的《南亭笔记》记载，胡雪岩翻牌玩腻了，又想出了新招，让姨太太们穿上写着"车""马""炮"字样的红蓝马甲，站在提前画好的棋盘上"下活棋"，以此决定由谁来侍奉！

　　物极必反，如此豪宅美轮美奂，难免不让人心生羡慕嫉妒恨。很多人开始质疑胡雪岩财产的来源，认为单靠做生意是不可能赚到这么多钱的，从而自然而然地将这些财富与左宗棠的贷款联系到一起。

　　曾纪泽就在《使西日记》中写道：

十二月初二日，葛德立言及胡雪岩之代借洋款，
洋人得息八厘，而胡自报一分五厘。奸商谋利，病民
蠹国，虽籍没其资财，科以汉奸之罪，殆不为枉，而
复委任之，良可概已！

很直接地点出胡雪岩在贷款的过程中，利用利息的差价，
中饱私囊。

2

　　替人贷款，尤其是与洋人贷款，从中拿提成是再平常不过的事。胡雪岩是商人，借贷时，是拿自己的钱庄做的抵押，从中拿提成更是顺理成章，并且找洋行买办做事，没有回扣打点根本行不通。

　　当初，胡雪岩找过汇丰银行的大买办席正甫、英国的葛德立，都是先礼后回扣。

　　像席正甫这种控制整个上海金融业的买办老大，连李鸿章也要敬他三分。想接近他，即便有人脉关系、送礼吃回扣都不一定管用。胡雪岩垫付了很多钱，席正甫也没有帮他从中斡旋，让其贷款成功。后来实在没有办法，胡雪岩又找了另一位买办葛德立。

　　从花钱也没有买通席正甫这件事上，胡雪岩得到了一个经验：买办们见过真正的大钱，从钱上找突破口根本行不通，必须对症下药。胡雪岩派人调查了葛德立的私生活，得知他喜欢美色，便想尽办法投其所好。

　　为了成功贷款，胡雪岩一掷千金，锁定了一位叫吴宝玉的"交际花"。在美色的诱惑下，葛德立答应帮忙贷款。但此人非常精明，根本不按套路出牌。应允贷款是一回事，贷款谈判是另一回事。他不但派人核查了胡雪岩的钱庄资产，还要求胡雪岩按照当时伦敦的期货交易价——利息的百分之五签约。胡雪岩据理力争，谈判徘徊在谈崩的边缘。

为了解决问题，胡雪岩提出了阴阳合同的方案。一份按照百分之五签订，一份减一分的利息，两人平分。

胡雪岩当时无非是想通过合同将葛德立与自己绑定，并赢回半分钱的利息，为贷款减轻压力。如今备受质疑，他也觉得自己的做法很不妥当，忧心忡忡的他病倒了。

胡雪岩的母亲金老太太，最担心的就是儿子因巨富横生祸端，因此常年吃斋念佛，为儿子祈福。她认为胡雪岩此病来得突然且蹊跷，就让他到庙里求香问路。于是，胡雪岩前往上海静安寺，向鹤峰住持咨询如何化解自己的心病。

住持仁厚，听后对胡雪岩说："天下之财，取之于民，用之于民，让它成为活水，广结善缘，就可以生生不息。"

"广结善缘，成为活水"，胡雪岩反复思量，心结一下打开了，病也去了大半。回到家后，他处处行善，乐善好施，于冰雪载途之际，"既被之以重棉，更饱之以年米。其用意也周，而立法也密"。

杭州城内乞丐众多，听到这样的消息相扶相携，蜂拥来到胡雪岩的豪宅前。他们一面走一面吆喝："望仙桥元宝弄胡雪岩家，胡大善人又发善心了，快去领取棉衣大米。"

考虑到有些人可能利欲熏心，动歪脑筋，胡雪岩制定了一套详尽的物资领取步骤。

胡雪岩雇用了一位理发师，只要来领取救济，就剃去领取者左眉的半边。然后再将此人领到负责发放棉衣的高台处，验明正身，发放物资，并发一张写明福利明细的小票：

至除夕日，来领取大米一斗、钱两百文。

如此一来，多方验证，冒领者几乎无处遁形。

救济他人只是一时，胡雪岩反复思量，觉得最大的功德莫过于治病救人。于是，他在吴山脚下鼓楼北边的大井巷筹建开办了胡庆余堂雪记国药号。胡庆余堂耗资几十万两银子，以徽州园林为建筑风格，造型上形似仙鹤，寓意"长寿"，于光绪四年（1878）正式营业。胡庆余堂不以赢利为目的，救死扶伤，日日行善，成了杭州城内数一数二的大药行。

关于胡雪岩人到中年创立胡庆余堂的原因，众说纷纭。

有人说，为了减少内心的懊悔，积福积德。

也有人说同治十三年（1874），胡雪岩在替左宗棠买办时发现医药行业利润巨大，因此决定成立一家药行。

还有一种说法是，当年杭州城中有四家大药行——叶种德堂、方回春堂、张同泰堂、万承志堂，胡家人也到这些药店看病抓药。

有一次，胡雪岩的母亲（有的说小妾）生病了，就派人到叶种德堂抓药。没想到药的质量极其低劣，办事的佣人便与药店伙计发生了争执。

药店伙计语气刻薄地说："我们叶种德堂就是这样的药，有本事你们自己开家药铺。"

胡雪岩听佣人汇报后大怒，赌气开办了胡庆余堂。

在给药店定名的时候，胡雪岩很是纠结。

胡雪岩的祖上，曾经有一个安定郡承庆堂，他想用此作为自己药店的名字，便信步踱到母亲的佛堂与母亲商议。

当胡雪岩看到佛堂的对联"积善之家，必有余庆"的时候，就对母亲说："药店就叫余庆堂吧！"

胡母说："万万不可！余庆堂乃秦桧堂名，取了它，日后会被人唾骂！"

胡雪岩觉得有理，就说："那就叫庆余堂吧，既有积善余庆之意，又有衍续承庆堂的含义。"胡庆余堂，自此定名。

做生意多年，胡雪岩知道，要想店铺成功，关键是找一位得力的管家人。为了替药店找到合适的账房先生，胡雪岩多次面试。应聘的人虽个个精明能干，却都不合心意。正在惆怅时，店里来了个自荐为账房的人。此人自称是余姚人，看到招聘简章，特来应聘。

胡雪岩甚感奇怪，有意考问他关于药店经营如何赢利的事情。没想到这位先生脸色大变："如果只为赚钱，那我就告退了，你另请高明吧。"

胡雪岩又故意说："做买卖嘛，谁不是为了赚钱？"

此人又冷冷地说："人人趋利，但是形式不同。有人见钱眼开，只知道眼前利益，不顾未来；有人品德高尚，以义字为先。开药店以救众生为要，品质第一，容不得欺诈，如果想让我做你的先生，需要以义为先，这就难免无利可图。"说完，先生转身要走。

胡雪岩听了这番话，无比惊喜，这和自己开药铺的初衷不谋而合，于是他急忙挽留，深深作揖，拜先生为账房。

"积善之家庆有余，如今幸得遇见先生。"胡雪岩将自己开店济世、不图谋利的初衷和账房先生说了，并且约定初心不变，让善意绵延后世。

二、药 店

1

胡庆余堂开业后，胡雪岩采取了很先进的营销方式——在《申报》发广告，扩大胡庆余堂的影响力。同时注重人性化管理，让店铺救人为主、赢利为辅的理念深入员工的内心，秉承"真不二价"的方针，立"戒欺"为训诫，并在牌匾上注道：

> 凡百贸易均着不得欺字，药业关系性命尤为万不可欺。余存心济世，誓不以劣品弋取厚利，唯愿诸君心余之心。采办务真，修制务精，不至欺予以欺世人。

胡庆余堂"集南北仙方成药于一体，召天下名师药工于一堂的理念"，使得我国大量珍贵药方得以保留，并且制药严谨。

比如，胡庆余堂久负盛名的"避瘟丹"中，有一味叫"石龙子"（俗称四脚蛇）的药，药效是止呕。但并不是所有的四脚蛇都可以入药，唯有在灵隐、天竺一带，外形为金背白肚，背上纵贯一条黄线的四脚蛇满足条件，胡雪岩从来不以次充好。

　　在《浙杭胡庆余堂雪记丸散全集》的序言中，胡雪岩写道：

　　　　大凡药之真伪难辨，至丸散膏丹更不易辨！要之，药之真，视心之真伪而已……莫谓人不见，须知天理昭彰，近报己身，远报儿孙，可不敬乎！可不惧乎！

　　可见胡雪岩的仁心。

　　胡庆余堂还曾经收到过一张特殊的验方——癫狂龙虎丸，提供这张方子的人是店里的经理余修初。

　　当时一位白发苍苍的老人，因为儿子中举过度兴奋，得了癫狂症，四处求医，找到了胡庆余堂。

　　余修初告诉胡雪岩，他祖上传下来的《杏林秘籍》一书中，有医治癫狂症的处方叫癫狂龙虎丸，但是这个方子四分之一的成分是砒霜，操作不当很容易出人命，无人敢制药。胡雪岩让余修初拿来了癫狂龙虎丸的方子，看完以后，他沉思良久，对老人说，十天以后拿药。众人都觉得奇怪，用砒霜造药物，万一出事，定会摊上官司。

　　第二日，胡雪岩来到药王画像香案前祷告，然后对制药的工人说："昨夜药王托梦于我，已经将制造癫狂龙虎丸的药方传授于我，我们现在就开始。"

他吩咐药工，紧关门闩，用木棒在已经准备好的药粉上写下"龙虎"两字，各念九百九十九遍，制成小丸。神奇的事情发生了，服过药后，老人的癫狂病居然奇迹般的好了。后来大家才知道，那药不过是普通的药丸。心病需要的是心药，胡雪岩很好地把握了这一点。

有仁心，定位好，服务好，胡庆余堂的生意越来越兴旺，其他药店的生意大受影响。叶种德堂和许广和堂便联起手来与胡雪岩打起了价格战。

胡庆余堂的高丽参每两售二两银子，叶种德堂就卖一两七钱；胡庆余堂的淮山药卖五厘银子，许广和堂就卖四厘……

低价倾销，古往今来，屡见不鲜，很多相互竞争的店铺，因为这样的举动常常两败俱伤。

价格战打响以后，胡庆余堂的生意确实受到了很大影响，叶种德堂和许广和堂也短暂获利，拉回了很多的顾客，但是胡雪岩认为，这种违背市场规律的营销方式得不偿失。

"真不二价，"胡雪岩指着匾额对店中的经理说："饭要大家吃。同行应该营造共存的商业环境，争取和衷共济。如果药品的价值是两文钱，而只卖一文钱，那么为了不至于赔钱就要降低产品的质量，这样做药的初衷就改变了。"

胡雪岩最重视的就是药材的货真价实，成品药的价格都是根据药材核定的，不但不随意降价，反而在药品质量和分量上做文章。选料认真，药材道地，不惜银两，精工细作，巴豆要去壳，羚羊角要去芯，蕲蛇要去头去鳞，等等。胡雪岩还专门雇用了整理炮制基础药品的药工，有瑕疵或者稍微发霉的药材都会被倒掉。

倒掉的药品一多，就吸引了一些江湖郎中来捡药。胡雪岩发现后，并没有阻止，反而让店里的员工把好的药材也夹杂其中扔掉。一来二去，人们纷纷传说，连扔出来的下脚料的质量都这样好，这家药店的品质肯定错不了，于是人气又慢慢地回升了。

同时，胡雪岩紧紧抓住一些药店缺斤少两的缺陷，对店内容易因为水分称量改变的药品进行了改进。比如，当时有的药店出售人参，非常不干燥，一进一出，经过水分蒸发，分量会显得不足。胡庆余堂认为这样很坑人，便将店中要出售的人参，在生石灰缸中存放几天，让石灰吸干人参中的水分后再售卖。这样的举措也为胡庆余堂加分不少。

除了以上两个举措，胡雪岩还全力打假。当时，有人打着胡庆余堂的旗号制作假药，玩起了低价倾销。如此便宜，便有人对药品的价格提出质疑。造假者便谎称，这些药是从胡庆余堂批发的。假药横行，影响胡庆余堂药品的销售是一方面；最主要的是药品疗效差，让很多民众对胡庆余堂的药品质量失去了信任。

发现这一问题后，胡雪岩立刻派人前去秘密调查，取得实证后，便将行骗的两人押解到官府审讯。为了挽回声誉，胡雪岩要求将他们带到胡庆余堂门前披枷示众。造假药的是两个年轻人，"人亦文秀，衣衫整洁"，哪里受得了这样的"瞻仰"。

胡雪岩看见二人脸红脖子粗，知道他们尚有羞耻之心，便动了恻隐之心。次日，胡雪岩便让他们坐在胡庆余堂的售药大厅中示众。胡庆余堂人来人往的，二人难抵众人投来的目光，不由得掩面向壁。

店中的伙计知道胡雪岩良善，便来求情。胡雪岩做出了一个决定："如能悔改，日后当于店中位置一席。"

得饶人处且饶人，胡雪岩给予了他们改过自新的机会，既是对个人的救赎，也是对社会负责任的表现。这件事后来得到了广泛赞誉，连《申报》也评价胡雪岩"能威、爱并用"！

路遥知马力，日久见人心。药品最重要的是药效，用别人的药，可能要服用好几剂才能治好病，而用胡雪岩的药，可能一剂就解决了。人心所向，低价的药品因为质量问题引发了信任危机，反而遭到了反噬。而胡庆余堂的药却一药难求，供不应求，声名远播。

就连左宗棠、曾国藩都来下帖索药。

左宗棠曾写信给胡雪岩说：

师人多病，尊处所寄丸散，希再配寄一份，以便分布。飞龙夺命丹尤为合用，须多见付为要。

生意如此红火，胡雪岩并没有忘记初心。他对属下说："唯愿诸君心余之心。"希望胡庆余堂上下齐心，也希望自己悬壶济世的初心，能够被一代又一代的胡庆余堂的承继者传承。

2003 年"非典"肆虐的时候，当时的胡庆余堂的掌门人冯根生就做出了一个有点"傻"的决定：在非常时期，胡庆余堂坚持不发国难财，坚持不涨价。后来盘点，居然亏损了近五十万元。

2

　　胡雪岩善于挑战，从来不墨守成规。制胶的工艺，是他一直没有掌握的，只能替东阿阿胶代卖。

　　阿胶是当时很多达官贵人府上的必备补品，非常畅销，获利也极其丰厚。不管是从行业发展还是市场走势来看，都是极具投资价值和潜力的。所以，生意渐渐走上轨道后，胡雪岩决定组织团队，进行科研攻关，研发胡庆余堂自己的阿胶。他在杭州涌金门外购买了十余亩土地建立胶厂，准备制造胡氏阿胶。

　　然而，制造阿胶并不容易。李时珍在《本草纲目》中说：

　　　阿胶本经上品，弘景曰："出东阿，故名阿胶。"

　　东阿出产的阿胶能够被评为最佳，关键在于水好。所以，胡雪岩想要制造出同样品质的阿胶，必须先找到跟东阿之水品质类似的水源。

　　经过走访和聘请专家，胡雪岩发现浙江临平湖西岸的宝庄泉之水，"能吞二百青钱不溢，土人名为大力水，云食之多力"，可以和东阿之水相媲美。于是胡雪岩以此水为制胶的原料，开始了研发。

但有些事就是这样奇妙，非人力可违。宝庄泉水虽然绝佳，却依旧无法赶超东阿之水，成胶还是差了一点。

不过，研制阿胶失败并没有影响胡雪岩的声誉，因为他的诚信经营，胡庆余堂成了南方最具影响力的药店。"北有同仁堂，南有庆余堂"被广为传颂，胡雪岩也被赞誉为"江南药王"。

巨大的商业成功带来的名人效应，衍生了很多故事。声名鹊起后，胡雪岩被他的家乡——徽州绩溪的父老乡亲关注了。

胡雪岩家族有一个巨大的遗憾，就是一直没有被写入当地的族谱。如今胡雪岩发迹，他的故乡给他投来了橄榄枝。

因为族谱无名，胡雪岩是否出身绩溪备受质疑。胡雪岩的第五代孙胡维平先生为了探明事实真相，对胡雪岩的孙子——胡英育先生和胡文营先生进行了访问。两位老人回忆说："阿太确实是背着铺盖过钱塘江来到了杭州……并且每逢七月十五中元节祭祖，陈设的祭品中还有一道徽州供品。"

后来，胡维平先生认真研读了湖里村关于明嘉靖丙辰年（1556）到1920年，收藏的六个版本的胡氏家谱，得出了这样一个结论：胡雪岩确为绩溪人，并且在其建造豪宅和胡庆余堂前后，发生过续族谱事件。但是这次续谱并没有成功，有以下几种可能：

一种说法是，绩溪胡氏宗族的族长，携带着家谱赶到杭州，希望胡雪岩能够认祖归宗。但前提条件是，必须缴纳族捐两千两。族长还承诺，可以帮忙修缮胡雪岩祖上所有未续之谱。胡雪岩对缴纳两千两银子没什么意见，但是当年因为家贫受到的别样对待，让其耿耿于怀，他不愿意出钱。最终族长无奈地离开，此事不了了之。

　　还有一种说法是，胡氏宗族要求给胡雪岩续谱时，胡雪岩没有计较，而是带着族长的续谱帖子回到了家乡。胡雪岩看中了村里一个喜欢园艺之人培植的五棵松树，想要高价购买，但是没有谈成（书法家程宗鲁曾作《五棵松》记录此事）。而这时候，胡雪岩的仆人却自恃主人家资丰饶，身份尊贵，趾高气扬，得罪了宗亲，致使续谱之事未能成功。

三、靠 山

1

胡雪岩做生意有一个特点，喜欢双管齐下，"钱财账"和"人情账"一起做。在他与左宗棠交往的初期，他们是小商人与官员之间的阶梯关系；随着交往的深入，"钱财账"渐渐地为"人情账"让步，在他与左宗棠的交往中更多了人情味。

《左宗棠全集》中保留了大量左宗棠写给胡雪岩的信件。比如光绪四年（1878），左宗棠知道胡雪岩病了，便在信中写下了这样的句子：

> 并闻近抱微恙，加以塘栖舟遇险，致兴居不适，殊深悬系。幸调摄得以宜，复原可卜，想从此益加珍慑，定占勿药之喜。

虽然信中谈的主要内容还是贷款，但字里行间很有家常的味道，封疆大吏能写出如此绵软的文字，可见他与胡雪岩间已不再是单纯的利益关系。

利益之上的情感认同，成了胡雪岩与左宗棠结为同盟的基石。胡雪岩非常细心，他深知左宗棠需要掌握新疆的消息，便通过上海《申报》的报道和商界精英们的聚会，收集一切与新疆战事有关的信息，为左宗棠未雨绸缪提供了依据。

有这样一段记载，胡雪岩想给母亲做大寿，但看到了一条讯息——新疆气候有变，酷寒。于是，他便与母亲商量，将做寿的钱拿出来，命人连夜赶工制作了两万件棉衣。考虑到一个人的力量薄弱，他又在杭州城内劝捐了棉衣裤八千件，连同胡庆余堂的药品，一起交给西征军的后勤部运往新疆。

雪中送炭，左宗棠非常感动，也更加信任胡雪岩，不但把战略物资的筹备工作交给胡雪岩，还将想要在西北兴办洋务的想法与胡雪岩交换了意见。

战争间隙，左宗棠发现了这样一个现象，当地人皆依靠羊毛生活，能不能也搞一下深加工？于是他写信给胡雪岩："新疆百姓依靠羊毛生活，这种东西在当地非常普遍，原材料丰富。我记得之前看到过德国在我们国家畅销的毛纺织品，既然他们能生产，我们为什么不行呢？我决定在西北成立甘肃织呢总局，购买德国人的机器，聘请德国的技术人员，在这里建立流水线，大批量地生产。"

胡雪岩非常认同左宗棠的想法，兴办洋务是流行趋势，科技永远是第一生产力，改变的绝不仅仅是机器设备，更重要的是建立一种思维模式，辟出创新之路。既然原材料如此丰富，为什么不尝试一下呢？胡雪岩很快就给左宗棠回信说："我去上海考察市场，并且购买机器，获得第一手资料后你再开始。"

说干就干，胡雪岩让自己的手下去做市场调查，了解德国人是如何制造毛纺织品的。做到知彼知己后，胡雪岩便与德国的泰来洋行达成协议，购买五十台机器，聘请德国的技术人员跟随安装，去新疆帮忙建造现代化的工厂。

虽然羊毛加工厂没有成功地让产品畅销，但是技术革命带来的思维创新给当地带来了改变。甘肃的水渠极为不畅，左宗棠在进京途中路过平凉时，便建议当地官员加宽渠道，在下游加开支渠。德国的技术人员提出德国有一种开石机器，可以提升效率，大大缩短工期。左宗棠立刻向朝廷申报购买，效果果然显著。

后来，左宗棠还在兰州建立了兰州制造局（亦称甘肃制造局），同样由胡雪岩帮忙从上海购买机器，聘请技术人员。

作战仍是主要任务，制造局便辟出专线，为西征军修造枪炮，不仅修理了大量武器、仿造了大量武器，还为中国本土的劈山炮和广东无壳抬枪找到了优化和改造方案。当时西征军粮饷不足，直接购买新式武器花费巨大，建立这样的工厂，省时省力，还节约开支，一劳永逸。

随着贷款的增加，光绪三年（1877），左宗棠建议胡雪岩在上海成立像洋人一样的股份公司，联合华商参股。他认为这样等于变相地向华商借款，既可以让本国人赚利息，也可以减少关税和手续上的麻烦。胡雪岩接受了这个建议，在上海成立了乾泰公司，以五千两为一股，让华商认购，共融资一百七十五万两。胡雪岩也将这种参股的方式运用到和洋人的合作中，解决了很多实际问题。(《左宗棠佚札六通考释》)

私下里，左宗棠还像大哥一样给了胡雪岩一些忠告。比如他认为胡雪岩虽然聪明、干练，但是需要读一些书。因为读书能够更好地"律己济世"，沉稳庄重，更好地报效国家。

胡雪岩后期淫乱、荒诞，为钱财掌控，欲望爆棚，像极了历史上的石崇等人。当局者迷，旁观者清，可叹胡雪岩虽然当时接受了左宗棠的忠告，却没有真正读懂这份深意。

2

虽然胡雪岩对合作伙伴诚信、对百姓充满善意、做事情有担当，但是商人的本质是功利和欲望，为了金钱，难免会做出令人非议的事情，比如吃回扣太多。

这事后来遭到很多人的弹劾，连总理衙门都过问了，自然也传到了左宗棠的耳中。两江总督刘坤就曾经写信给左宗棠：

> 此间认借洋款，自不能不照胡道（胡雪岩）办理，
> 以期妥速。然每百万利银至二十四万之多，所耗不赀，
> 我中堂想亦万不得已而偶一为之也。

左宗棠的儿子也详细地将胡雪岩的事情对左宗棠进行了汇报。

见非议如此大，左宗棠决定亲自过问一下，于是，他写了一封信给胡雪岩，问他有没有收回扣，收了多少，是不是像外界传的那样中饱私囊。

左宗棠非常清廉，对"僚属馈赠，恕不授受"，虽然委托胡雪岩采买物资，却从不插手胡雪岩的生意，对他的财务状况并不是非常了解。如果不是因为这件事传得沸沸扬扬，又与自己

西征有关，他也不会过问。

胡雪岩收到信后，冷汗直冒，他知道自己没有办法欺骗左宗棠，于是坦诚地告诉他，自己确实收受了回扣，但是这些钱并没有全部收入自己的腰包，而是支援了西征军、救急了杭州的百姓。

左宗棠非常清楚，胡雪岩做事有君子之风，为西征军垫付物资是常有的事，还多次雪中送炭，挺身而出，不计较个人安危。因此在看了回信后，左宗棠不仅没再详细查问，还力排众议，为胡雪岩辩驳。

光绪五年（1879），左宗棠在给胡雪岩的信中，针对利息引发的非议这样写道：

> 至系耗太重一层，在赫德虽借题发挥，而物议纷纭，亦不能怪其凭空编造。前年议借，弟意专在华商，汇丰入股，本非正办，息耗至一分二厘，未免过重……

对胡雪岩多有安慰，处处可见有为其开脱的意思。后来，他以自己的儿女亲家、两江总督陶澍的案例做比说："陶澍的女婿胡林翼对岳父的养廉银挥霍无度，引起了账房先生强烈的反感，账房先生便将此事上报给了家主。没想到陶澍听后却说，尽管让他花，他将来要报效国家，此时不花，要等到什么时候？后来，胡林翼效力于湘军，立下赫赫战功，他在花钱方面的缺陷比起为国奔走，根本不足为道。胡雪岩为西征军筹集物资，尽心竭力，吃点回扣又有什么好议论的呢？"

不仅如此，左宗棠还多次在奏章中替胡雪岩说好话，说他"急公好义，实心实力"，希望朝廷一定不要忘记胡雪岩的功勋，给他一定的奖励。胡雪岩的官职因此得到不断升迁。

为了表达对左宗棠的感激，胡雪岩从上海购买了很多贵重礼品，派人带着信件专程送给左宗棠。左宗棠只留下了一些土特产，而将其他贵重的物品悉数退回，同时返回的还有左宗棠回赠的礼品和一封书信。

左宗棠在信中写道：

> 承远惠多仪，谨已拜登。荷珠玉之奇珍，领山海之异味，关陲得此，尤感隆情。惟金座珊瑚顶并大参二件，品重价高，断不敢领。平生享用，未敢过厚，硁硁之性使然，谨原璧奉赵，即祈验收。乘便寄呈诸品，非敢言赠，亦投桃报李之微意耳。

意思是说自己节俭惯了，没法享受，好意心领了。

胡雪岩和左宗棠见面的机会少之又少，除了当年在杭州外，二人多是远隔万里。仅仅通过书信就能完成巨资借贷的沟通，也有力地证明了利益关系是纽带，私交也很重要。因此，左宗棠非常清楚，胡雪岩之所以全力支持他，很大一部分原因是"看人三分薄面"，他觉得自己欠了胡雪岩一个很大的人情。

左宗棠收复新疆后，得到了嘉奖，于光绪七年（1881）调职京中，担任军机大臣。左宗棠觉得是时候还胡雪岩的人情了，于是上奏道：

> 雪岩之功，实一时无两。

慈禧太后于是授意皇上发布了一道诏书，宣召胡雪岩进京面圣。

胡雪岩早已通过左宗棠的信件了解到有可能进京面圣的事，接到朝廷正式通知后，胡雪岩又激动又忐忑。第一次觐见皇帝，诸多礼仪和禁忌都不清楚，举全家之力置备好赴京面圣的礼品后，他便即刻进京了。

胡雪岩先到自己的票号落脚，稍作休息后便前往了左宗棠的府邸。左宗棠一面寒暄，一面向胡雪岩讲解此次面圣要注意的细节。因为觉得欠了胡雪岩很多，他很真诚地说："你有什么要求，可以告诉我，我来上奏替你请求。"

胡雪岩想了一下说："微臣有个不情之请，能否申请赏赐我一件黄马褂？那样我就可以光耀门楣了！"

此话一出，左宗棠愣了一下。

开始时，只有皇帝的近侍、护军统领，以及皇亲国戚才有资格穿黄马褂，黄马褂也曾被赏赐给随皇帝围猎或对国家有重大贡献的人。比如左宗棠、曾国藩、李鸿章，他们在国家危难时力挽狂澜，立下赫赫战功，获赐黄马褂。

本来黄马褂的赏赐有着严格的规章制度，不是谁都可以获得的，但是咸丰以后，国家无钱，战乱又经常发生，统治者便利用民众对"黄马褂"崇拜心理，将其作为激励，刺激官兵为清廷卖命，便降低了标准，以至于连洋人都得到过这种赏赐。慈禧太后掌权后，黄马褂的赏赐更是泛滥和没有规则可循。胡雪岩提出这样的要求，也是看准了这一现状。唯一让左宗棠觉得有点难度的是，大清没有赏赐商人黄马褂的先例。

说出去的话，泼出去的水，左宗棠很真诚地说："此事我会尽力为你申请，事在人为，我们从长计议，想一下办法。"

胡雪岩走后，左宗棠盘算了一下，觉得想要此事成功，还得请求外援，让慈禧太后主动开口。要想太后开口，就需要重量级的人物保举，而当朝最具权势的就是恭亲王奕䜣。恭亲王奕䜣曾经与慈禧太后联手发动了辛酉政变，扳倒了咸丰皇帝安排好的顾命大臣，是慈禧太后的左膀右臂，如果由他保举，基本没有不成的道理。

四、顶　戴

1

　　为了达成心愿，胡雪岩和左宗棠兵分两路，为此事奔走。左宗棠前往恭亲王奕䜣的府邸，希望其能从中斡旋。

　　恭亲王智勇双全，他与左宗棠都供职于军机处，了解左宗棠的犟脾气，也知道他为人真诚。他从未见左宗棠为谁低过头，如今肯为一个商人亲到他府上讨情，定是非常之事。股肱之臣屈身求助自己，如果推托，倒显得自己小气，于是，他答应了保举之事。

　　恭亲王奕䜣说，他对胡雪岩有些印象，当年他向洋人贷款没能成功，胡雪岩却做成了，说明此人非等闲之辈，自己定会向太后递个折子，达成他的心愿。

　　除了恭亲王，左宗棠还找到了另一位王爷——醇亲王。醇亲王是光绪皇帝的父亲，此人深知左宗棠是个干臣，为了儿子的江山，他心甘情愿地为其解忧。向太后递个折子，对于他来说是举手之劳，自然欣然应允。

左宗棠又联合了文煜、夏同善等重臣联名上奏，慈禧太后一看这阵仗，更觉得胡雪岩非同一般了。

除此之外，左宗棠还给胡雪岩出谋划策，他说当下对慈禧太后的决策影响最大的是太监李莲英。此人虽然只是一个太监，但极其聪明，做事滴水不漏。短短几年间，他就从给慈禧太后梳头的奴才一路高升至太监总管，成了慈禧太后身边的第一眼线。如果能够跟他搭上关系，一切都好办。

胡雪岩早就听说了很多关于李莲英的传奇。此人发达后不忘家乡人，还捐助贫困儿童义学。经左宗棠指点，胡雪岩决定前去拜会这位权倾朝野的大总管。

求人办事，最重要的是送礼。不但要送得对，送得巧，还要送得好，送得雅。

通过调查，胡雪岩得到一条非常重要的信息——李莲英喜欢古董。有"嗜好"，事情就好办多了。胡雪岩来到当时京城最大的古董店，决定挑选一件非同一般的礼物送给李莲英。

"七十二行，古董为王"，胡雪岩开典当行多年，深知古董行的那些门道。摆在架子上的古董，都是给不懂行的人看的；真正的好东西都在私下交易。胡雪岩进店后，一不看架子上摆的，二不看店家后堂的私货，直接点名要店家收藏在保险柜里的。

老板一看，这是来了个识货的大主顾，不敢怠慢，立刻请胡雪岩到密室私聊。为了考验胡雪岩，老板拿来好几件物件。胡雪岩一一看过后，都摇头不语，直到店家拿出了一件宣德年间的香炉，他才眼中放光。

宣德年间的香炉数量有限，据说只制造了三千件，到胡雪岩的时代，存世的就更少了。胡雪岩相中的这件香炉的价格在五万两银子左右。虽说接受礼物的人不会去详细了解礼物的实际价格，但是大凡有名的古董，都有具体的价位。宣德炉是人所共知的珍贵，自然能让李莲英感受到胡雪岩的诚意；另外，宣德炉还有"一路高升"的彩头，更让人觉得送礼的人心思缜密。胡雪岩还准备了一些小物件和银票打点李莲英手下的人。

聪明人喜欢聪明人，李莲英早就听说胡雪岩做事周全，没想到竟如此细致，当下就让胡雪岩宽心，许诺将尽力而为。

众人拾柴火焰高，不久后，宫人们也开始谈论起胡雪岩来。慈禧太后便向李莲英征询意见。

李莲英说："做人，重要的是名声。胡雪岩能够爱惜自己的名声，被这么多人认可，一定有过人之处。"

慈禧太后听后点头认可，又随口问了一句："那该赏赐他点什么好呢？"

李莲英说："赏什么都是好的，做生意的都喜欢显摆，这样的恩典，估计够吹一辈子，也只有太后才有这样的手笔。"

事情就这样办成了。

光绪七年（1881），胡雪岩走进了紫禁城，面见了慈禧太后和皇帝。初次踏入森严的皇城，难免紧张，胡雪岩生怕君前应对失仪，便老老实实地跪着听旨意，头都不敢抬一下。

　　因为前面诸大臣的奏章铺垫，慈禧太后对胡雪岩很好奇。她梳着漂亮的燕尾，端坐在凤座上，打量了胡雪岩几眼，随口说道："没想到咱们是一个属相，属羊的，也算君臣的缘分匪浅。"

　　和慈禧太后一个属相，即便事实如此，也不能攀附。胡雪岩诚惶诚恐地说："微臣卑微，幸得太后照拂，得此殊荣，前来面圣，只求国泰民安，国家昌盛。"

　　慈禧太后见胡雪岩应对得体，点头大赞，颁下旨意，授予胡雪岩布政使衔，赏穿黄马褂，加二品红色顶戴，总办"四省公库"。也就是说，胡雪岩获得了江苏、江西、福建和浙江四省的税收代理权。这些地区临近沿海，经济发达，所征赋税占了全国总数的百分之五十三。胡雪岩代理此地税收，经手钱庄转运，获利可以想象。

　　这是天大的恩典，胡雪岩非常激动，连忙磕头谢恩。他成了大清历史上获赐黄马褂的第一位商人，"红顶商人"的名号瞬间传遍大江南北！

　　在中国的文化观里，商人一直是社会阶层中最特殊的群体，备受社会歧视。从新旧石器时代的物品交换，到夏商周时期"商"王陨落，商人为了谋取生计，辗转于各地区之间，以物品流动赚取差价而生活，到周王朝，商人之名才作为一种社会角色正式确定下来，这种变革，漫长而且曲折。

春秋时期，商人的地位相对较高。比如，吕不韦位列王公贵族；"商祖"白圭曾经是魏惠王的大臣；"商圣"范蠡曾经辅佐过春秋霸主；孔子最会赚钱的弟子子贡，曾经担任鲁国和魏国的大臣，等等。

而从魏晋南北朝开始，门第阀阅成了重要的社交名片，商人因为处于社会阶层的末端，备受社会歧视；直到中唐以后，这种情况才逐步改变。

商人真正崛起是在明清。随着明朝中叶商业经济的发展，他们的社会地位显著提高，并且逐步形成了地域性的"商帮"，比如"徽商""晋商""潮商"，且多选择了亦官亦商的经营模式。

正是在这样的时代背景下，胡雪岩才有机会成了"红顶商人"，这也标志着属于商人的新时代到来了。

2

赴京之前，胡雪岩的母亲金太夫人听说慈禧太后喜怒无常，深为儿子担心。离开之时，胡雪岩一面不停地宽慰母亲说是左大人举荐，应该是受奖励，不会有什么闪失；一面也做好了君前万一失仪获罪、变卖产业的打算。

他嘱托掌管家业的罗四太太："此次进京，不知道是福是祸，如果我一去不返，你们就变卖家产，回老家去。"

罗四太太听闻此言后郁郁寡欢，此事被金太夫人知道了。儿行千里母担忧，老人家亲自前往寺庙上香，为儿子祈求平安。

如今不仅可平安归去，还升官发了财，想到家中为自己担惊受怕的母亲，胡雪岩不由得泪如雨下。

男儿有泪不轻弹，胡雪岩情绪崩溃令左宗棠大为不解，于是问道："老兄，缘何如此悲伤？不如说出来，让为兄宽解你一二。"

胡雪岩深施一礼，将自己年幼丧父，在寡母的教养之下，外出寻找生路的经历娓娓道来。胡雪岩叹道："寡母不易，我做学徒之后，她独自支撑家庭。如今我虽然荣耀，却无法分封母亲，不由得心生愧疚。"

左宗棠听后也很动容。做人最重要的就是不忘本，能够在这样的高光时刻，想到母亲的不容易，实在难得。于是他对胡雪岩说："不必为此揪心，以后多为老太太做善事，我们再见机行事，跟太后求个恩典。"

胡雪岩连忙叩谢。

胡雪岩升官发财，还得到了御赐黄马褂的消息，轰动了杭州城，道贺的人不计其数。街巷深深，元宝街却因为胡雪岩而车水马龙，往来皆是达官贵人。

胡雪岩辟出静室将御赐黄马褂供奉了起来。

此事过去后，胡雪岩又开始着手为母亲谋取封赠。自古以来，"一人得道，鸡犬升天"，儿子荣耀，朝廷也会根据官阶品级，对其母亲、妻子进行封赏。

如今胡雪岩被授予二品顶戴，自然有资格为母亲博取一定的封号。但胡雪岩的顶戴是二品，他却要为母亲谋取一品诰命夫人的封赏。母以子贵，无可厚非，但突破品秩限制，实属不易。胡雪岩按照左宗棠的示意，开始以母亲的名义多多行善。

当时为了扩大胡庆余堂的影响力，胡雪岩已经意识到了广告的作用，如今，他将母亲行善的事也通过《申报》广为宣扬。

光绪七年（1881）的杭州并不平静，先是夏天突发了瘟疫，"初起，微觉腹痛。旋即昏然倒地，口不能言而死。或有饱饭黄昏，而晓卧不起者；或有同席欢饮，而隔宿已亡者；或有抵家数步，而已不及者；或有延医未至，而人已先逝者。医生均束手无策"。

在这种情况下，胡庆余堂组织专家团队，研发了"雷公散"，用于赈灾，并以金太夫人的名义组织员工散发消息，在伏虎庙免费送药，救治患者。这种疾病的传染速度很快，得病的人很多，尤其一些贫困家庭，因为居住环境，卫生条件差，往往全家人都倒下了，胡雪岩的赠药真是雪中送炭。

伏虎庙赠药，引起了《申报》的关注，金太夫人的声名也因此远播，胡庆余堂的知名度大大提高了。

随后，杭州瓶窑又发生了客民械斗事件。寄居此地的湖北和湖南的客民，与台州、温州的客民发生了暴力冲突，两湖籍的客民因人数太少落了下风，便告到了杭州知府衙门。为了讨一个说法，这些人轮流上访，搞得官府的工作都没法正常开展了。办理此案的官员一筹莫展，便找胡雪岩支着儿。

想到客民很有野性，留在杭州，一定会生诸多事端，胡雪岩便提出了一个建议：由自己带头出资募捐一部分钱，作为遣返费由政府出面发放，让这些人回到原籍。这样不仅可以不留隐患，还比较人性化。

社会事件是媒体比较关心的，《申报》对客民闹事事件进行了跟踪报道，公布了此次捐款的人员名单和捐款数目。当时一共有三十五人参加了捐款，胡雪岩独挑大梁，位列榜首。胡雪岩也将此事记在了母亲头上，说是遵母亲命令而为。

光绪七年（1881）年底，胡雪岩又为母亲做了一件善事：修缮灵隐寺。恰逢光绪八年是金太夫人的八十大寿，胡雪岩便以母亲的名义，"造山门，并修复罗汉堂、韬光亭、冷泉亭、月桂亭、飞来峰等名胜共七八处"。

灵隐寺始建于晋代，是江南禅宗的"五山"之一，历史悠久，但在太平军进驻的那一年损毁严重。左宗棠收复杭州后，也曾对杭州城内的大小庙宇进行了修缮，但灵隐寺的规模大，损毁得最厉害，"非得数万金，不能济事，如欲恢复旧日规模，为数尤巨"，便不得不搁浅了。

修桥铺路，完善庙宇，被认为是福泽延及子孙的事情。胡雪岩现在有足够的资金来完成修缮，便与灵隐寺的住持交谈，表示愿意带头捐款重修寺庙，这让住持感激不尽。

胡雪岩做事非常讲究效率，仅用了一个月的时间，便把修建庙宇需要的材料准备好了。此举在当时引起了轰动，《申报》也进行了报道。

但胡雪岩的这种行为遭到了质疑，记者认为修庙和救灾虽然是善行，却让人觉得没有分出轻重缓急。胡雪岩并不以为意，因为他的目的就是给母亲创造社会影响力，如今目的达到了。

胡雪岩将这些年受到母亲教诲做的善事，列成清单寄给了左宗棠。他说金太夫人信佛多年，自己从杭州收复，将无人认领的尸骸义葬、兴建善堂，到建立胡庆余堂，向西征军捐献棉衣，为军民百姓赠医施药，再到如今拯救疫情中的灾民、修缮庙宇，都是因为母亲的教诲。

左宗棠整理了这些资料，写了奏章汇报给慈禧太后。当时的慈禧太后正在为自己与光绪帝母子嫌隙烦心，胡雪岩对母亲的顺从，一下子戳中了她的痛点。太后认为可以借此教育一下小皇帝，让他知道顺从母亲才可以国家昌盛，于是，同意了左宗棠的提议,封赠胡雪岩的母亲为一品诰命夫人,赏"勉善成荣"的匾额,彰显荣耀。

红运当头,胡雪岩盛极一时,人生达到了巅峰!

他为母亲寻得了一块巨大无比的寿石,安置到胡家别院中。众人一看便明白了"寿比南山"的寓意,纷纷赞叹老太太好福气。

恰逢灵隐寺修缮完成,胡雪岩便在灵隐寺内开辟道场,为母亲祝寿祈福。

灵隐寺成了胡家接纳四方贺礼的接待处,连续十一天,红毯铺地,张灯结彩,锦绣作帷,喜棚高搭,"密若鱼鳞,排同大雁"。

胡雪岩具有双重身份,不管是商业方面的合作伙伴,还是官场的督抚提镇,皆派人送来了贺礼。

左宗棠的寿联上书:

寿永八旬,舞看莱子;筵开七月,酒进麻姑。

李鸿章的寿联上书:

慈竹长春,恩晋鸾章;一品晚萱,益寿荣周。凤纪八旬。

一品大员都来祝贺,围观的人看罢,不由得啧啧称赞。

第五章　倾　倒

曾经门前繁华，美酒女色，迎来送往，

岂料富贵难长久，昙花一瞬，

人生大厦倾倒。

然而，败局虽定，他犹荣！

一、垄　断

1

胡雪岩名利双收，到达人生的顶峰。虽然他以善意作为武器，为自己的事业保驾护航，但仍摆脱不了顶峰之后是下坡路的规律。

在左宗棠为胡雪岩的母亲申请诰命夫人的同时，李鸿章也上了奏本，但慈禧太后驳回了他的提议，采纳了左宗棠的建议，这令李鸿章非常不爽。

隐秘的较量波及了胡雪岩。

李鸿章和左宗棠的矛盾由来已久。虽然二人同为改革派，都主张学习西方，自立自强，但是二人的性格和政见并不相同。一个出身于底层，一个出身于世家；一个刚直，一个圆滑；一个冲动，一个冷静；一个能臣，一个宠臣。

他们俩都是曾国藩挖掘的人才，但是从太平天国运动时起，他们就因为军队的防卫问题产生过分歧。曾国藩去世后，失去了第三方的制衡，二人的矛盾再次升级。

二人都搞洋务运动，都在造船，但是侧重点有很大的区别。左宗棠开设造船厂，没有明确建造船只的种类。李鸿章却是奔着建造一支现代化的海军去的，所以他只造军舰。

西征之时，他们又因为"塞防"和"海防"问题进行了一场辩论。李鸿章认为应该在海防上下功夫，不看好收复新疆，甚至在筹集饷银的事情上很是懈怠。左宗棠却不这样认为，他的观点是两手抓，两手都要硬，不能顾此失彼。后来，他决定破釜沉舟，抬着棺材去了新疆，立志马革裹尸还。

李鸿章一看这架势，气不打一处来。在给丁日昌的信中，李鸿章写道：

> 左相洋债千万，幼丹奏驳极结实，尚交左公核复。闻部议初亦不准，枢廷独主持之，可谓谬极。左公奉到准借寄谕，高兴万分，即日整旆出关，有肃清西域之志。

让李鸿章没有想到的是，左宗棠会得到一个不起眼的商人胡雪岩的帮助，最后不但得到了充足的粮饷，还取得了战争的胜利。

但话已经说出去了，李鸿章只能继续坚持这一观点——收复新疆没有意义。这种观点在甲午海战中,中国一败涂地后更加强烈。有人甚至认为,如果当初放弃新疆,加强海防,甲午海战的结局可能就不会如此惨烈。从这一点上看,李鸿章没有左宗棠立意高远。

后来,左宗棠因为战功调入了京城,成了军机处的一品大员;胡雪岩也成了国家功臣,母子都被封赏。李鸿章备感郁闷。在军机处,左宗棠有时连恭亲王的账都不买,自然也不会给李鸿章台阶,双方的矛盾越来越大。

光绪七年(1881),左宗棠调任两江总督兼南洋通商大臣,与胡雪岩有了再次合作的机会。李鸿章知道,想要扳倒左宗棠,先要扳倒胡雪岩,打破他们之间强强联手的合作关系。

李鸿章遇见了盛宣怀,这让扳倒左宗棠的想法得以实施。

长江后浪推前浪,江山代有才人出。就在胡雪岩红得发紫,有点被胜利冲昏了头脑的时候,一个名叫盛宣怀的人悄然崛起。盛宣怀的发迹史几乎是胡雪岩人生的翻版,他也是通过依附官员发达。不同的是,盛宣怀的家里比较有钱,他的父亲曾经参与镇压太平天国运动,后来回到老家常州开了典当铺,生意兴隆,家有百万之资。

一开始,盛宣怀一心想通过科举考试,考取功名,没想到考了三次均落第了。盛宣怀与父亲认真地分析了当前的形势,认为参加科举考试的最终目的就是做官,如今做官有捷径,有钱就可以。与其浪费时间读书,不如捐个官,慢慢升迁。

于是同治九年(1870),二十七岁的盛宣怀通过捐官的方式走上了仕途，并且借助父亲的人脉，谋得了一份给船政大臣沈葆桢做文书的工作。结果还没动身，他又接到了好友杨宗濂的邀请，直接做了李鸿章的幕僚。

当时李鸿章正要开赴陕西同左宗棠一起抗击回民起义，急需各种人才，盛宣怀便被安排去购买新式武器，而他也依靠自己的才智圆满地完成了任务，深得李鸿章赏识。

李鸿章担任的是洋务大臣，和洋人打交道是他的日常，盛宣怀也因此在洋务运动中得以历练。

光绪元年（1875），盛宣怀被委派前往湖北负责办理矿业，协助英国矿师郭师敦查勘湖北的煤铁矿藏，并且于光绪二年（1876），在广济盘塘设立了开采湖北煤铁总局。

盛宣怀本就出身于商人之家，洋务运动恰好与他的人生经验契合。几次委派，盛宣怀都出色地完成了任务。这种独当一面的能力，被李鸿章看中，后来李鸿章经手的洋务，大都由盛宣怀主持操办。

胡雪岩也关注到了李鸿章和盛宣怀的合作。

在盛宣怀开办铁矿的时候，胡雪岩就曾上书弹劾，以采矿权没有得到批示为由，将盛宣怀调了回来。这样的暗箱操作，让盛宣怀很生气。但他与胡雪岩最大的不同在于，胡雪岩高调讲究排场，而他则和李鸿章一样不动声色。面对胡雪岩的阻挠，李鸿章没说什么，盛宣怀也没有针锋相对。盛宣怀早已看清，高调恰恰是胡雪岩的弱点。于是在李鸿章的授意下，盛宣怀准备适时地给胡雪岩一击。

胡雪岩沉浸在左宗棠即将赴任两江总督的喜悦中，他和盛宣怀同时锁定了在中国铺设电报线路的项目，认为成立电报局很有发展前途。

胡雪岩曾在私下对左宗棠说："现在，各国都想要在中国铺设电报线，一定要争取到这件事的办理权。电报是一种现代化的通讯设备，比书信快捷成千上万倍，必须掌握先机。"

左宗棠深以为然。如今李鸿章走在了洋务运动的前列，掌握了很多渠道的办理权，如果拿到铺设电报线的权力，对李也是一种压制。于是，左宗棠写了一篇通商救国的奏章，请求太后同意铺设电报线，并让他来完成这件事。

推行新事物并不容易，朝会上，新旧两派大臣为了这件事争吵不停，左宗棠的提议遇到了前所未有的阻力，最后夭折了。

盛宣怀也向李鸿章提出了关于在中国铺设电报线的提议，所以当李鸿章知道左宗棠也要插手电报局的事情的时候，他非常不悦。盛宣怀却安慰李鸿章说："大人，如今朝中为这事争执，不一定是坏事。就让他们争执去，我们可以借此时机暗度陈仓，私下里进行准备工作。等这些人吵累了，我们再出来收拾残局，用最快的速度出方案，掌握电报局的通讯权。"

枪打出头鸟，如今大家都针对左宗棠，倒是省去了他与别人费口舌的时间，于是李鸿章由怒转喜，让盛宣怀全面负责幕后工作，并请上海太古轮船公司总经理郑观帮忙筹划。

2

　　胡雪岩犯的最致命的一个错误就是，将商场的思维用到了官场上。抢占商机，在商场上可以，但在政治上却不一定能够立得住脚。政治是曲折的，讲究天时地利人和，捷足先登，有时候反而会搬起石头砸了自己的脚。

　　铺设电报线的事情就这样搁浅了，胡雪岩既沮丧又惋惜。但作为一名商人，他经历过太多的挫折，负面情绪只是短暂存在，他很快便将目标锁定到了生丝上。

　　随着通商口岸的不断建立和开放，更多的洋人看到了中国这片土地上的巨大利益。他们发现中国的缫丝行业还处于传统的手工模式，效率低下，于是大量开设缫丝厂，将本国先进的机器带到中国市场，严重冲击了中国的生丝产业。

　　生丝价格低廉，洋人正是利用了价格差，将自己的成品运到国外，获取暴利。

　　胡雪岩从中看到了巨大的商机，他财力雄厚，为什么不买断生丝，扬国人之威，赚取暴利呢？商人善于囤积居奇，这种获取暴利的方式他尝试过多次，所以他坚信自己可以成功。

　　就在胡雪岩考察生丝市场的时候，暗中进行电报局筹备工作的李鸿章和盛宣怀已和洋人合作竖起了电线杆，悄无声息地在大沽北塘海口炮台与天津之间，架设起了中国近代史上的第一条电报线。

李鸿章知道自己先斩后奏，是欺君之罪，所以他先致信醇亲王，邀请他来天津考察，亲自领略一下这种现代化设备的便捷。醇亲王知道李鸿章这是在拉说客，于是欣然前往，并且将考察的结果汇报给了慈禧太后。

慈禧太后觉得既惊讶又时髦，便同意了李鸿章成立电报局的奏请。

朝廷认可了，李鸿章准备光明正大地大干一场，他任命盛宣怀为电报局总办，在重点城市开始了架设电报线路的工程。

当胡雪岩得知李鸿章成功设立了电报局的时候，他大吃一惊，并建议左宗棠再次上奏，拿到长江电报线路铺设的监制权。胡雪岩向左宗棠申明了其中的利害关系，如果通讯被李鸿章掌控，那么以后做起事情来肯定会受到掣肘。

接到胡雪岩的消息，左宗棠暗骂李鸿章真是只老狐狸，随后上书慈禧太后，希望能够督办两江的电报局事务。一家独大，也不是慈禧太后想看到的。李鸿章先斩后奏，她表面上不动声色，其实心中已有不悦。如今左宗棠愿意再来蹚浑水，她便顺水推舟，将这个差事派给了他。

李鸿章知道后也很愤怒，但是盛宣怀却安慰他说，此事要从长计议，既然他愿意承办，那就让他做，干不干得成还是两说。当时生产和提供电报器材的，一个是丹麦的大北公司，一个是英国的大东公司，盛宣怀早已暗中买通了这两家公司的业务员，买断了供货渠道。因此，当胡雪岩前去洽谈原材料供给的时候，他没有谈成。

很明显有人在暗中做了手脚，没有供货渠道，胡雪岩心急如焚，便请左宗棠从中沟通。后来，经过多方斡旋，终于有一家公司肯高价出售架设材料。然而，当真正用到这批材料时，胡雪岩才发现材料存在严重的质量问题。一来二去，工程根本无法如期完成，而李鸿章又紧紧咬住这一点，弹劾胡雪岩，长江线的架设权又回到了盛宣怀的手中。

胡雪岩懊恼至极，事已至此，他只好认命。但这只是他人生的风暴来临前的序幕，盛宣怀和李鸿章想要的是把他驱逐出资本市场。

对于这一点，胡雪岩是否已未雨绸缪，无人可知。唯一肯定的是，筹备电报局失利后，胡雪岩将全部的精力都投入到生丝生意中。这一次，他的对手是洋人。

对待洋人，胡雪岩一直抱着交朋友的态度。不知道是电报局的事情刺激了胡雪岩，还是长年累月地仰洋人之鼻息，积累了很深的怨恨，胡雪岩决定孤注一掷。

江南的桑蚕业非常发达，到处都是家庭作坊，因为生丝产业是江南税收一个很重要的来源，所以清政府极其重视。对于哄抬生丝价格、垄断市场、扰乱行业发展的商贩，采取的一直是打压的态度。晚清时却不一样了，清政府软弱无能，对待洋人态度卑微，很难再对生丝市场进行维护。

如今，随着缫丝产业工业化进程的推进，洋人使劲压低生丝的价格，垄断了产业链，使得百姓和缫丝业的商人生存艰难。生丝极易在空气中变黄，老百姓如果囤积，只能赔得更多；从事这个行业的商人技术跟不上，无利可图，纷纷破产了。胡雪岩清楚商人和百姓面临的困境，于是，他决定联合本地的商人进行反制，"邀人集资同买，则夷人必服"。

但这种反制是有私心的。作为江南四省税收的总管，胡雪岩对整条产业链相当了解，他要的是暴利，想要拓展的是国际市场。

此年，江浙一带因为蚕瘟病，生丝产量下降，正是囤积居奇所需的天时、地利、人和。于是，胡雪岩做出了一个改变他后半生的决定：买断生丝，囤积居奇，在上海建立生丝加工厂，翻倍卖给洋人。

二、圈　套

1

从光绪七年（1881）到光绪九年（1883），胡雪岩以高于洋人掌控的价格在市场上大量收购生丝，并且动员当地的蚕农和商人组成联盟，制定严格的规章制度。市场上近三分之一的生丝，流进了胡雪岩的仓库，存货量达到了一万四千包。

工业化流水线生产的弊端在于，一个环节停滞，整条流水线都要停下来。生丝价格高涨，原材料的供应出现问题，洋人的工厂只好暂停运转。丧失生丝市场掌控权的洋人，只好放下高傲，与胡雪岩谈判。

当时在华开办工厂的洋人，大都与自己对接的国内销售商有购销合约。如果不能及时按照合约行事，就要面临巨额赔款。怡和洋行请海关总税务司的赫德出面斡旋，他找到了胡雪岩。怡和洋行是十七世纪国际银行家族中，势力最大的巴林银行投资的，实力雄厚。胡雪岩与怡和洋行有过很多来往。

急于完成订单的洋人表示愿意出高价进行回购，胡雪岩却想再等一下。

这一等，等来了挫败，因为不久国外生丝大丰收，有了充足的货源之后，胡雪岩的囤积贬值了。

原占据优势的胡雪岩，为何在这场生丝大战中瞬间转败，有以下几种不同的说法：

第一种说法就是文学作品或者影视剧宣扬的，因为盛宣怀的釜底抽薪。

当时一心想搞垮胡雪岩的盛宣怀，见洋人无力突破胡雪岩的商业联盟，便在暗中出击。他借助李鸿章的势力，收买了胡雪岩团队中意志不坚定的人，然后提供资金，让这些人在暗中高价收购其他商人的生丝。

胡雪岩忽略了这一点，当初只是约定产品不能卖给洋人，但是没有说不能卖给中国客商。漏洞一出，整个防线随之垮塌。因为有了这个缺口，胡雪岩囤积的生丝，通过第三方交易转到了洋人手中。于是囤积不再居奇，价格回落到了冰点，最后，胡雪岩囤积的生丝不得不打折卖给洋人，洋人趁机压榨，胡雪岩血本无归。

第二种说法来源于陈代卿在《慎节斋文存》中的一段记载：

> 沪上大贾与外洋贸易，蚕丝为最，胡每岁将出丝各路于未缫时全定，洋人非与胡买不得一丝，恨甚，乃相约一年不买丝，胡积丝如山无售处，折耗至六百余万金。

胡雪岩垄断了生丝，让洋人无处购买，以击垮洋人的企业。结果洋人也联合起来不买丝，导致胡雪岩最后赔掉了六百多万两银子。

第三种说法出自英国驻上海总领事许士爵士在光绪十年（1884）做的《商务报告》：

> （一八八三年）生丝行情波澜迭起，六月时预测，生丝产量要低于常年的平均水平……同时又传闻意大利的生丝生产欠佳，因而上海市场生丝价格飞涨，中国商人多从内地出高价收购。但新生丝从中国内地运到上海时，销路不佳，又因已证实意大利生丝丰收，外国商人由此断定生丝的需要量已经足够，不收买胡光墉手中量达一万四千包的存货。在三个月之间，胡光墉不肯降价，外国商人又观望不买，以致市面呆滞。

这段记载，说明了当时的背景，胡雪岩错过了时机，最后让市场跌停，以至于最后溃败。

还有一种说法是，胡雪岩基本已经胜利了，他拥有绝对的主动权，可以左右市场定价，洋人被逼无奈，也同意以高价购买，但是这个时候发生了中法战争，即将达成的合同因此告吹。

当时中国的信息严重滞后，新建立的电报局掌控在盛宣怀手中，并且只有天津、上海可以实现信息同步。杭州根本无法知道中法战争爆发，国外的生丝价格狂跌的消息。而洋人早已在香港等地建立电报局，在胡雪岩之前得到了这个信息。信息的极度不对称，让胡雪岩一败涂地。

中法战争的起因是越南的归属问题，爆发于光绪九年（18-83）的年底。当时清廷分成了两派，主战派和主和派。以左宗棠为首的主战派认为，对于洋人的得寸进尺必须给予回击。而以李鸿章为首的主和派则认为，左宗棠主张打仗，"白头戍边，未免以珠弹雀。枢府调度如此轻率，殊为寒心"。

左宗棠已经七十多岁，身体衰弱，无法再像曾经那样披挂上阵了。当他听说李鸿章主张和谈，大骂道："对中国而言，十个法国将军，也比不上一个李鸿章坏事！李鸿章误尽苍生，将落个千古骂名！"

左宗棠以辞职为威胁，终于让慈禧太后同意出兵。左宗棠也被任命坐镇福建，以"钦差大臣身份，督办福建军务"。在左宗棠的派遣下，王德榜、冯子材等人出征越南。这场战争在冯子材的有效指挥下，取得了胜利。

但是，晚清的格局正在重新洗牌，李鸿章一派独大，左宗棠英雄末路，已经无法制衡李鸿章。他的眼疾也在这时复发，不得不递交了辞呈，推荐曾国荃接任自己的职位，先去养病了。

李鸿章不遗余力地想要停止打仗，他在关键时候，致电总理衙门说："如在这时平心与法国议和，和款可无多大损害，否则兵祸又会接而起了。"

所以中法战争成了历史上最奇葩的战争之一：中国不败而败，法国不胜而胜。

虽然此次战争直接导致法国内阁倒台，但是清政府却派出了以李鸿章为代表的和谈团队，最后赔了一大笔银子，签订了一系列不平等条约，连越南也不再藩属于中国。

"倒左，先倒胡。"

这是李鸿章看清的。胡雪岩在这个时候，没了靠山，孤立无援。李鸿章和盛宣怀借胡雪岩生丝生意失败、资金吃紧之机，暗下圈套，进一步打击胡雪岩。在多种因素的综合作用之下，胡雪岩的商业帝国突然崩盘了。

2

胡雪岩对自己的失败没有预期。

在胡雪岩准备收购生丝的光绪七年（1881），左宗棠还就修复盐城到海门的护海"范堤"的工程款，向胡雪岩募捐。当时的用款总额为十万余两，胡雪岩一人捐赠了三万两。而紧接着山东发生水灾，朝廷又将协助筹款四十万两的任务派给了左宗棠，胡雪岩为左宗棠筹集了二十万两。

光绪八年（1882），左宗棠在给胡雪岩的信中依然写道：

> 闻今岁蚕事稍歉，而华商生计翻以丝价得宜，稍沾利益，阁下长袖善舞，尤为赢余。

因此，胡雪岩生丝生意失败的结局一定来得非常突然。以胡雪岩雄厚的家底，根本不至于一败涂地。偏偏他的财富积累起于官场，颓败也由此开启。

当年左宗棠的一系列贷款，虽然是以清政府的名义借贷的，由各省协饷偿还，但经办人却是胡雪岩。李鸿章和盛宣怀觉得这是胡雪岩的命门，决定来个釜底抽薪。

盛宣怀了解到，当年胡雪岩替左宗棠西征贷款，是以自己的钱庄为抵押的，每年需偿还本息八十万两，不能违约逾期。当时负责给胡雪岩送银的官员是邵友濂，盛宣怀找到此人，以李鸿章的名义将其收买，让他缓期送银："李中堂之令，暂缓送银，二十天。"

　　邵友濂混迹官场多年，看得清时事，如今李鸿章权倾朝野，谁要是敢和他作对，只有死路一条。而胡雪岩不过是一个商人，依靠左宗棠的势力才得以存活，并没有多大能耐。识时务者为俊杰，趋利避害，是人的共性。因此，邵友濂欣然接受了盛宣怀的提议，他通知自己的亲信，如果胡雪岩来了，就说他不在府内。

　　胡雪岩第一次找邵友濂讨钱不成时，并没有意识到这可能是一场危机，但是第二天、第三天……一天一天过去了，银子的事依然没有着落。胡雪岩急了，他立刻通过上海的电报局给左宗棠发电报，请求帮助，但电报局由盛宣怀掌控，消息根本没有办法传到左宗棠那里。

　　八十万两银子，如果发生在生丝生意失败之前，对胡雪岩来说不过是九牛一毛。如今生丝生意亏损巨大，资金链断了，要在短时间内拿出八十万两现银，很有难度。眼看还款期限就要到了，胡雪岩做出了一个冒险的决定：从阜康钱庄的备用资金里凑出八十万两来垫付，等邵友濂的银子一到，立刻补上漏洞。

　　如果这笔巨额的资金流动能悄无声息地进行，影响可能不会很大。但盛宣怀早已设下了圈套，胡雪岩在劫难逃。

盛宣怀心思缜密，计谋环环相扣，根本没有给胡雪岩筹集资金的时间。他一面买通洋人，让其加急催款；一面让邵友濂坚持避而不见，用两面夹击的方式，使胡雪岩成了热锅上的蚂蚁。

沉着了半辈子的胡雪岩慌乱了，他没有认真分析当下局势，便挪用了上海钱庄的款项，还清了洋人的贷款。问题看似解决了，其实风暴刚刚开始。

盛宣怀令邵友濂拖欠银子的真正目的，绝不是单纯地让胡雪岩违约，重头戏在后面。他趁机找人散布谣言，说胡雪岩做生丝生意血本无归，不但欠款无数，而且离破产不远了。为了让胡雪岩彻底倒闭，盛宣怀花钱让一些钱庄的大客户前去提现，在分号门前制造声势。

钱庄负责存款，最怕的就是集兑款现。钱庄的利息主要来源于对外放贷和投资，这一部分钱都不是短时间内能够回收的，平常账面上的钱，就是平日流水。所以，如果大户们都来提现，就会让钱庄的信贷能力受到质疑，进而引发信任危机，导致其他储户争相效仿。如果有足够的现金，还可以抵挡过去；如果没有，钱庄会瞬间垮掉。

胡雪岩前脚刚把八十万两提走，钱庄空虚的消息就被放了出来。他瞬间明白了，这是有人有意为之，而如今有能力下连环套的，只有李鸿章和盛宣怀。

胡雪岩先是气愤，随后心下黯然，最后凄然无语。

李伯元在《南亭笔记》中写道：

　　有亲至者，有委员者，纷纷然坌息而来，聚于一堂。

提现风暴从上海开始，随后波及杭州。钱庄门前人山人海，胡雪岩令伙计紧闭店门，他则前往邵友濂处索要八十万两。经过连日的围追堵截，他终于拿到了邵友濂的现银。然而，即便八十万两到账，也是杯水车薪，上海的钱庄在一天内倒闭。

情绪稍微稳定后，胡雪岩便带着所剩不多的银两连夜从上海赶回了杭州。

连日奔波，胡雪岩面如土灰。危难之中，左宗棠的亲信、浙江布政使德馨，"密遣心腹于库中提银二万赴阜康"。

患难见真情，在钱庄主持大局的罗四太太万分感谢，但两万两只是暂时缓解了危机，提现风暴势不可当，银号的账面再次被储户提空。经过了一夜的疯狂，第二日，阜康钱庄的大本营已经被迫关门。而仍有大量的储户没有拿到钱款，在钱庄门前不肯离去。

这还不是全部，消息传到北京，北京分号也发生了同样可怕的景象，"取银之人拥挤不断"，第二天就倒闭了。更让胡雪岩火大的是，北京票号倒闭后，掌柜的在一夜之间逃之夭夭，店铺伙计因为没有等到胡雪岩，便去官府自首，钱庄很快便被官府查封了。

提现风暴如同传染病一样，倒下就是一片。短短几日，胡雪岩花费了几十年心血筑造的商业帝国就被彻底瓦解了。

回天乏术，胡雪岩长叹一声："成也钱庄，败也钱庄。"

三、倾　覆

1

　　有人说将胡雪岩的悲剧放置于时代中，他的命运其实并非个案。大时代背景下，光绪九年（1883）的金融风暴，实际与虚假的泡沫经济有关，波及的并非只有胡雪岩一人。

　　洋务运动轰轰烈烈地开展，在引进国外先进技术的同时，股票也被引入中国的资本市场。刚刚兴起的华商企业为了融资需要，效仿国外企业发行股票，也为未来埋下了隐患。张之洞、徐润、盛宣怀都创立过这样的公司。胡雪岩为了贷款的需要，在左宗棠的建议下也成立了一家这样的公司——乾泰公司。

　　《申报》曾有这样的报道：

　　　　至今日而风气日开，华人皆知股份之益，不但愿

附西人之股，且多自设公司，自纠股份，大有蒸蒸日
上之势。招商轮船局为之创，自是而后，保险、织布、
电线、煤矿，以及采铜、采锡，莫不踊跃争先。

无论是应对战争，还是开办工厂，都需要大量的资金，向
洋行贷款成了一种渠道。但是国外的银行有一个共识，贷款归
贷款，却不进行投机交易。而很多中国的钱庄却将自己的资金
放贷给商人，投入到股市中，一些官商督办的国有企业甚至也
参与了进来。这就为上海的金融风暴埋下了伏笔。

最关键的问题是，没有人意识到资本市场的风险性。很多
人认为买股票官方支持，盈利很高，是发家致富的新渠道，以
至于出现了这样的现象：

每一新公司起，千百人争购之，以得股为幸。

但是股市翻脸不认人，瞬间天堂，瞬间地狱。

光绪九年（1883），因为贸易逆差、中法战争爆发、一些钱
庄决策失误、外国银行不愿意贷款等多种因素，股市崩盘，上
海证券交易指数狂跌，很多钱庄放贷给商人的白银血本无归，
钱庄出现了资金回笼的问题。很多人看到这种情况，对钱庄的
信任值也同时跌到了冰点，出现了集中兑现事件。钱庄现银不
足，只能倒闭。上海的信源钱庄就因此亏损"八九万两"。

钱庄是中国民办银行的前身，信贷危机导致发生连锁反
应，让这一年的上海金融业大跳水。《盛世危言》中记录：

> 中国自矿股亏败以来，上海倾倒银号多有，丧资
> 百万，至今视为厉阶。

《申报》也盘点说：

> 本埠各大行栈倒闭纷纷，约计所耗之数有数百万
> 之多，市面情形大为减色。

原先有七十八家钱庄，年底盘点时只剩下十家。在这样的时代大背景下，胡雪岩的钱庄也难逃金融风暴的洗礼。

李鸿章和左宗棠早已水火不相容，胡雪岩成为牺牲品是必然。"倒左先倒胡"，李鸿章痛下杀手，借时势将胡雪岩驱逐出资本市场，自然事半功倍。

几日后，上海的《申报》就刊登了关于胡雪岩的头条新闻：

> 光绪九年（1883）12 月 1 日，胡雪岩的支柱产业
> 阜康钱庄从上海到杭州，刮起挤兑风潮，钱庄倒闭。

胡雪岩虽然焦急，但不得不使自己的内心平静下来，尽量让自己不被失败的情绪掌控，他认为自己能白手起家，也有缔造传奇的勇气，就不怕从头再来。悲剧已经发生，胡雪岩能够迅速接受，这不是任何人都能够做到的。

商人和商人的差别可能就在这里：能承受多少失败，就能成为多大的商人。

一败涂地的胡雪岩已经预知到接下来的命运——他的顶戴，他的封赠，他的一切，墙倒众人推，都将烟消云散。

果然，在北京分号倒闭后的第二天，都察院左都御史毕道远和顺天府尹周家楣就查封了胡雪岩在北京的分号。这两位官员，联名上《阜康商号关闭现将号伙讯究各折片》，奏报了阜康钱庄倒闭的事情。

李鸿章没有给胡雪岩喘息的时间，他趁此机会上奏说胡雪岩中饱私囊，在为西征军谋取贷款的时候，利用利息差，大发国难财，再给了胡雪岩一击。

李鸿章与上海洋行的买办结交，早就从买办手中拿到了一份关于胡雪岩利用利息差牟利的确切数据，他还援引当时《申报》对胡雪岩的评价，"暂救燃眉之急，顿忘剜肉之悲"，将胡雪岩吃回扣的事件上升到了国家蛀虫的高度。

慈禧太后听到奏报后非常愤怒。当年胡雪岩被这么多人保举，原来是一场骗局。她想立刻将胡雪岩捉拿归案，处以重刑。但保举之事牵扯众多，李鸿章在无形中触动了与胡雪岩关系密切的人的利益，比如左宗棠、恭亲王奕䜣、文煜等。

恭亲王立刻对这一弹劾做出了反馈，他悄悄地提醒慈禧太后："太后请息怒，您不要忘了胡雪岩的黄马褂是谁赏赐的！"

一句话惊醒梦中人，扭转了胡雪岩的命运！

2

　　慈禧太后并非糊涂无知的女性。她顾虑重重，并没有将胡雪岩治重罪。

　　首先，查抄胡雪岩等于推翻了自己之前的认可，黄马褂并不是随便一个人就可以获得的赏赐。在西征这件事情上，胡雪岩确实有功劳。不说西征，就是在中法战争期间，胡雪岩也一直在帮助左宗棠派出去的部队筹集粮饷，并且保证了军队的供给。查抄胡雪岩等于动了老臣左宗棠，势必引发震动。

　　胡雪岩虽然是个小人物，却牵扯太多。他掌控着江南四个省份的税收，据《异辞录》记载，胡雪岩的钱与"国库收支有时常通有无，颇以为缓急之计"，个人财产与国家财产分不清。如果大张旗鼓地处理胡雪岩，民众的反应势必激烈。

　　慈禧太后冷静下来，最终决定低调处理此事，没有公开发布追缴令，搞得全国皆知，而是通过密折密令地方官员迅速将胡雪岩革职查办，清算其资产，令其补交欠款。

　　《清德宗实录》中记载了慈禧太后的懿旨：

　　阜康商号闭歇，亏欠公项及各处存款为数甚巨。该号商江西候补道胡光墉，着先行革职；即着左宗棠

189

饬提该员严行追究，勒令将亏欠各处公私等款赶紧逐一清理，倘敢延不完缴，即行从重治罪。并闻胡光墉有典当二十余处，分设各省；买丝若干包，值银数百万两，存置浙省着该督咨行。各该省督抚，查明办理。

懿旨要求毕道远、周家楣负责查抄京城的阜康银号，从账本入手，查明往来生意的流水明细；令闽浙总督何璟、浙江巡抚刘秉璋负责查抄胡雪岩在浙江的豪宅、钱庄和其他产业，对他的资金流向以及在管理四省税收期间的官方和私人账目，一一清点。其他省份的阜康产业，则交由当地地方官员负责查抄，然后汇总上奏，酌情办理。

当日，浙江巡抚刘秉璋便带领军队，将胡雪岩的私宅团团围住。胡雪岩的那些娇妻美妾对这一切毫不知情，看到全副武装、待命清点财产的官兵，惊叫溃散，藏之不迭。

掌家的罗四太太和胡雪岩一样，早已经预料到了结局，非常镇定。她曾经建议丈夫藏匿资产，但胡雪岩认为钱是可以赚取的，情愿将自己的所有财产都拿出去，以保性命。

胡雪岩将百狮楼的房门大开，对刘秉璋拱手施礼，任由他们查抄。刘秉璋久闻胡雪岩在私宅建造密室做银库的传言，如今有机会验证，自然不会放过。

刘秉璋的目光一直在每一个值得关注的角落搜寻，融冬院、怡夏院、延碧堂、载福堂、和乐堂、清雅堂……明廊暗弄，庭院天井，连续两三日，兵士们轮班搜寻，却一无所获。

就在大军准备撤离的时候，有人发现大门通往内院的通道似乎有些问题，敲击之下声音非常空洞，里面应有暗道机关。于是，经回转查看，他们发现了隐蔽的银库地道口。大家走下去后，都惊呆了——地道的尽头堆满了皮箱，里面满是黄金白银，金光灿灿，银光闪闪。

　　最危险的地方，往往最安全，胡雪岩给所有人都上了一课。

　　财产被尽数罚没后，还剩女人们有待处理。

　　早在胡雪岩的企业倒闭前，就已有小妾听到风声，携款潜逃了。这些女性大多年轻，胡雪岩生意繁忙，无暇兼顾，小妾们闺中寂寞，难免私交情人。胡雪岩是风月场中的老手，看惯了男欢女爱，早已了然。潜逃的，他没有再追究；留下来的，他也无意强求大家同生共死。

　　胡雪岩将自己的想法禀明了母亲，金太夫人点头同意。早年丧夫，半生守寡，中年艰难，但因为儿子，她享尽了荣华富贵，如今已经很满足。做母亲的，愿意陪儿子经历一切。既然留不住，倒不如任其自由归去。

　　胡雪岩带着妻妾们，去祠堂上过香，然后回到百狮楼，命仆人备了一桌相比之前不太丰盛的酒宴。争奇斗艳的钗环还在，但绫罗绸缎包裹的已不是当年的灵魂。酒宴结束，大家各怀鬼胎，静等胡雪岩发落。

　　胡雪岩将家中最后的财产放到桌子上，平静地说："天下无不散之筵席，如今我生意失败，不忍汝等为我所累，这里有些散碎银子，虽然不多，可做川资，你们各自回房，收拾细软，自谋生路去吧。"

妻妾们哭声一片。大家都不敢上前，胡雪岩便将银子一一发放到每个人手中，然后让大家自便。

在《记胡雪岩故宅》中，记录了胡雪岩的一位小妾的归宿：

> 胡翁渔色，于沪、苏访艳量珠外，凡本城小家有姿者，出而见之，必多方罗致。有某杂货肆之妇，丰姿楚楚，胡翁以为美，召其夫畀数百金，俾别娶；且置之某巨肆中，厚其薪给。及家败，此妇携资归，犹与夫团聚，称小康，今下世不数年也。

当年，胡雪岩在一家杂货店看中了一个女人，便将她的丈夫叫到府中，给了他很多钱，让他另外再娶。胡雪岩家败后，这位小妾就带着自己攒下的私房钱，回到了前夫那里，夫妻团聚。因为有前面的经历，夫妻二人因此过上了小康生活，快乐地过完了下半生。

可叹人间事，兜兜转转。

胡雪岩的九姨太章夫人，志存高远，愿念宏大，她说，自己已经嫁入胡家，生是胡家人，死是胡家鬼，不忍离去，愿意服侍左右，与胡雪岩共患难。胡雪岩诸人几次劝说让其离去，无奈章夫人已经铁了心。

最后留在胡雪岩身边的女人只有三位：一位是胡雪岩的原配夫人，一位是执掌家业的罗四太太，另一位是胡雪岩的九姨太章夫人。据说这位九姨太出身于医学世家，胡雪岩曾想将她送给自己的好友周少棠，但是她本人不同意。胡雪岩得此知己，实乃不幸中的万幸。后来，诸人老弱病残，都是章夫人为胡雪岩善后。

遣散妻妾几日后，都察院左都御史延煦奏报：

> 阜康之为害不止一方，所没官款、私款不下数百万，其情之重百倍于关闭钱铺。

胡雪岩彻底失去了官方的支持，这是最致命的。他从没想过人生的败落会来得如此迅速，就在光绪九年（1883），他还花重金在黄泥坞买山地两百余亩，用来建造胡家坟庄。

物空幻渺，人生如梦，真是可叹！

四、遗 产

1

　　大家都走后，院子里安静下来。坐在太师椅上的胡雪岩的思绪依旧活跃，他开始思索接下来的人生。

　　钱庄和当铺已经难以保全，但以母亲名义建立的胡庆余堂还在有序运营，并没有受到多大的冲击。思来想去，这份产业不能就这样付之东流。胡庆余堂的归属问题成了重中之重。

　　思索之后，胡雪岩觉得在这个节骨眼儿上，唯一能够让胡庆余堂保留下来的人就是文煜。文煜是正蓝旗，也是老佛爷面前的红人。当年胡雪岩在北京成立阜康钱庄的分号时，文煜就是入股最早的人。胡雪岩极其聪明，深知文大人身在官场，极具风险，便将文煜的账目做成了阴阳两个账本。

胡雪岩的钱庄与朝中的很多大臣都有业务往来，北京的阜康钱庄一经查封，给事中邓承修就上书弹劾几位官员与胡雪岩纠缠不清，这为胡雪岩的遗产交割提供了机遇。

邓承修第一个弹劾的就是文煜，他说文煜在钱庄存有巨款，达七十万两。文煜气愤不已，据理力争，说自己一生清廉，根本没有这样的事，可以找到账目查证。

慈禧太后很信任文煜，令顺天府尹周家楣详查。经核对，发现存款仅四十六万余两，根本没有达到邓承修所说的七十万两，并且，这四十余万两也不全是文煜的。其中，有十万两是前任江西布政使文辉请文煜代为存储的；剩余的三十多万两存款，在账本中只是记录着"文宅"字样，到底是不是文煜存的，根本没法确定。

文煜面带懊悔地找到慈禧太后："太后，微臣比谁都冤枉！微臣自从政以来，先后担任闽海关监督、崇文门税务监督等优差，省吃俭用半辈子，才积攒了养廉银三十六万两。本以为胡雪岩是个妥帖的人，就都放在了阜康钱庄，没想到发生了这样的事情！"

文煜虽然有贪污之嫌，但他的解释也说得通，于是慈禧太后没有治其罪，只是"著责令捐银十万两……以充公用"。

邓承修第二个弹劾的重要官员是顺天府尹周家楣。他认为周家楣与胡雪岩来往也很密切，而此人之所以在阜康钱庄在北京的分号传出倒闭消息之时连夜带亲兵介入，与自己在银号存

有七万余两银子有关，并且，邓承修信誓旦旦地说，自己收到
奏报，有人亲眼看见周家楣让人从钱庄搬走了"衣物八大箱"。
他认为让这样的人查案已经不适合，必须严惩。

邓承修又参奏了福建布政使沈葆靖，弹劾他私放福建藩库
公款于阜康钱庄取利，实在是假公济私，应当严加拷问。

诸如此类，拔一个萝卜带出一个大坑，继续揭发弹劾，胡
雪岩事件就要变质成对官员的大清洗了，这就有违慈禧太后的
初衷了。于是她叹息了一声，颁布懿旨，将前期负责查抄的人
委以其他任务，将胡雪岩财产的后期清点和追偿工作，转到了
左宗棠的手中。让左宗棠奉旨严办，做好善后工作。

事情的发展真是让人始料不及，众所周知，当年西征借
款，就是左宗棠一再地恳求胡雪岩代为办理的，所以左宗棠对
胡雪岩尚有余情。太后深知这一点，还如此委派，很明显这是
要顾念老臣为江山马革裹尸之情，大有包庇之意。众人听罢，
异样的声音霎时停止了。

不久后，左宗棠上奏了第一道善后的奏报：沈葆靖私放福
建藩库公款于阜康钱庄，确有其事，但是并未公款私用，并且
已经在胡雪岩破产后与浙江负责查抄的官员进行了报备，追回
了十九万两。胡雪岩钱庄经手的公款也通过拍卖胡雪岩被查抄
的产业，一一抵扣偿还。官方通报的胡雪岩欠缴的京外各款，
共一百五十九万两千余两，已经通过拍卖各地阜康钱庄的资产
和典当行，进行了偿还。

左宗棠经手后，复杂的事情一下子变得简单了。

胡雪岩虽然丢了官、被抄了家，却没有被羁押，可能就与左宗棠有关。二人交情匪浅，都是聪明人，能够做的只有互相保全。这也让胡雪岩有足够的机会北上，或者文煜南下，二人接触。胡雪岩想要将胡庆余堂转入文煜手中的想法成了现实。

据说因为邓承修的弹劾，朝廷内外都知道了除了公款，私人方面，文煜就是胡雪岩最大的债权人。

胡雪岩与文煜接触后对他说："如今我一败涂地，也没什么好可惜的。只有胡庆余堂，这是为大家建造的，就这么毁了实在可惜。如果落入旁人手中，我心有不忍，希望大人伸出援手，接管胡庆余堂，保它百年兴盛，为后人谋福利。如今内外皆知你是最大的债权人，还请大人勉为其难，成全我的心愿。"

文煜感叹不已，在这个节骨眼儿上，按理说应该离胡雪岩越远越好；并且，胡庆余堂的资产要远远大于自己的几十万两，这等于是捡了一个大便宜，趁火打劫，他于心不忍。但是胡雪岩的话锥心了，于是二人在私下里达成了协议，联手演了一出戏——文煜抢夺胡庆余堂，完成债务偿还。

不久后，文煜拜见了太后。此时的慈禧已经病卧在床，听到文煜一生积蓄都存在阜康钱庄，最后因为钱庄倒闭，钱财充公，心生怜悯，便答应了他用胡庆余堂来代偿的请求。

胡庆余堂成了保存下来的唯一一份胡雪岩的产业。

2

文煜接管胡庆余堂后，并没有改变胡庆余堂的经营理念，他不但完好保留了这座建筑，还将胡雪岩的店铺名号和创立的制度原封未动地沿袭下来。如今，胡庆余堂博物馆内依然陈列着从那时流传下来的《本堂阴俸定章》和《庆余堂红股合同》。

文煜自知胡庆余堂是胡家最后的产业，于是将胡庆余堂的股份分为了红股一百八十股，拿出八股奖励胡氏昔年创业之劳，加上胡氏原有的红股十股，共计十八股，定名为"雪记招牌股"，归胡雪岩的后人所有。

但是迫于当时的形势，这份契约并没有被公布。

在胡雪岩去世十几年后，文煜的儿子文志森与胡雪岩的后人完成了契约：

> 立合同议据胡庆余堂药号，今议得本堂于光绪二年开设杭省大井巷地方，原系胡庆余堂雪记药业，生意兴旺，四远驰名，诚为上等不朽之基。嗣因文氏与胡氏有存款交涉，而胡氏于光绪九年间丝业大亏，一时周转不及，凭中即将胡庆余堂雪记药业连同房屋生财全数替与文氏和记为业，以清款项。

这份股份成了胡雪岩后人主要的经济来源，依靠着这份余德，胡雪岩的后人得以崛起。

胡雪岩有三子五女，除了长子夭折外，另外两个儿子的子女都很多，其中以三子胡品三这支最为兴旺。胡品三喜爱丹青，娶的是出身于书香门第的朱太夫人。这个女子很有远见，善于培养子女。后来，其子胡萼卿中举，留学日本，加入了孙中山的同盟会。

胡雪岩的家族中还出现过多位人才，有教育家，也有画家，比如为人所熟知的画家胡亚光、教育家胡筱梅，但胡雪岩的后代大都没有再从事商业。

胡雪岩的弟弟胡月乔因与哥哥的资产分开，在这次金融风暴中虽被波及，但保全了财产。当时胡月乔在上海经营"阜昌参庄"，胡雪岩让弟弟去掉"雪记"标识，免于充公。

胡雪岩被革职后，胡月乔自知哥哥倒下，自己想要生存也是举步维艰，于是靠着曾经的积累，安然度过了后半生。他的后代继承了胡雪岩的一些品德，多有成就。

胡庆余堂的股东变更后，引起了股东和阜康钱庄的债主们的恐慌。他们围堵在药店门前，一度影响了药店的运营。店中伙计一再解释药店已经换了新的主人，但是没有人听。

有人质疑说："既然主人更换了，那么招牌上为什么还是'胡氏雪记'？"

伙计潸然泪下："胡大先生生意失败，但是仁心依然，开药店的初衷是为了苍生，便要求新主人沿袭曾经的一切制度。他苦心一片，你们怎么都不理解？还要质疑？可叹胡大先生一生乐善好施，居然落得如此境地！"

文煜听到这番话，也不由得感慨万千，想到自己垂垂老矣，已经无力应对后续变故，加上自己不是做生意的出身，经营和管理能力极为欠缺，于是决定寻找一位自己足够信任，并且精通医药管理、熟悉中药知识的掌柜，替他打理胡庆余堂。一位出身于御医门第，名叫许奎圃的人走入了他的视线。

文煜回到京城后，亲自上门拜访，对许奎圃极为尊重礼让。他发自肺腑地说："胡庆余堂是胡雪岩一生的心血，托付于我，我觉得责任重大。悬壶济世乃是百年基业，如果聘请不到品德高尚的妥帖之人经营，定然毁于一旦。我对这个行业一窍不通，请先生一定垂怜我，代为掌管胡庆余堂，文煜感激不尽。"

随后，文煜一一讲解了胡雪岩的"戒欺"精神和制药"仁术"；又将胡雪岩为众生请求，托付自己的来龙去脉，告诉了许奎圃。终于，许奎圃被打动了。

许奎圃立刻动身前往杭州。面对胡庆余堂混乱的局面，他和文煜商量说，请左宗棠帮忙发布官方通告，告知民众胡庆余堂已换了新东家，和阜康钱庄有债务关系的，应该去找官府登记，由官方统一处理。

不久后，胡庆余堂门口果然贴出了官府的告示：

> 晓谕事照得胡庆余堂药店，现经该店东禀奉大宪
> 批示，备抵公项，凡有存款各户不得向该店闹，如违
> 定行查究不贷。

市民怕自己过激的行为引得官方追究，债务更无法讨回，只好悻悻散去。

事态平息后，许奎圃开始认真经营胡庆余堂。

他自幼学医，精通医药处方，便将胡庆余堂现存的验方一一校验整理，并结合自家祖传的秘方，和承办御药的经验累积，编纂了流传至今的《浙杭胡庆余堂雪记丸散全集》。

许奎圃亦是一位兼济天下的志士仁人，他接任后，认真考核了胡庆余堂的各项管理制度，认为胡雪岩订立的阴俸规定，极为人性化，恰恰是这种制度，提升了胡庆余堂的凝聚力。光绪十年（1884），许奎圃重新修订了《本堂阴俸定章》，增加了药工死后按其工龄长短，仍然可以让其家属领取阴俸的规定。

他赞赏胡雪岩对人才的不拘一格，接任以后，对胡庆余堂技术高超的药工也极为尊重，将这一部分人尊为药铺的"财富"，进一步深化了胡雪岩"用人先要解除人的后顾之忧"的思想。

宣统三年（1911），文煜在浙江的财产被没收，胡庆余堂再次被拍卖。但不管主人如何变更，股权如何改制，当初文煜分给胡雪岩的"雪记招牌股"十八股，仍旧归属于胡氏，没有人觊觎。

"积善之家，庆有余"！

五、离　世

1

　　处理好胡庆余堂后，胡雪岩带着母亲、子女和愿意跟随自己的三个女人搬到了杭州城的郊外。此时胡雪岩所剩的钱财不多，早已没有了当年一掷千金的阔绰。

　　光绪十年（1884）的《申报》中记载了这样一件小事：

　　光绪九年（1883）冬天，胡雪岩从金陵乘坐"源源"号小火轮抵达上海。下了轮渡后，他没有拿行李，而是安排船上的修容匠张行禄帮忙照看。但是在这短暂的间隙却发生了意外。

　　傍晚时分，胡雪岩发现自己托人照看的行李已经被打开，自己带的现洋七百元不翼而飞了。要是放在以前，也许他根本就不会在意，只当破财免灾了；但是现在他已经破产，需要这些钱来办事，于是一心想要追回。

在洋人的轮渡上发生盗窃案件，惊动的是巡捕房。巡捕房对船上的乘客进行了摸底，最后发现一个叫张阿五的驳船户有很大的嫌疑。

但奇怪的是，只从这个人身上搜出了现洋二百两，而且，胡雪岩发现那并不是自己的钱。最后因为没有找到偷窃的人，胡雪岩便让负责看管财物和轮船上相关的工作人员一起分摊了这笔钱。起初他们商定给胡雪岩三百五十元，到最后只赔了三百元。胡雪岩自认倒霉，同意不再追究。

安顿下来后，胡雪岩对自己的欠款进行了一一梳理。大部分是官员和富户的存款，一部分已经提现，一部分还没来得及偿还，不过朝廷或许会进行统一的债券兑换。这些不是他关心的重点，他担心的是老百姓的钱，于是他决定通过变卖没有被朝廷查抄的地皮偿还。

身处人生低谷的胡雪岩，看尽了世态炎凉。

人处在低谷，人性的优劣就会显现。有些官员因为文煜的事情，不敢再与胡雪岩来往，更不敢索要在钱庄的私款，朝廷拿着账本与之核对，他们都不敢承认；而一些与此案无关的官员却又兴风作浪，让胡雪岩卷入了新的风波。

光绪十年（1884），户部尚书阎敬铭突然上奏，要求追缴胡雪岩在西征期间，因筹借洋款耗费的十万六千七百余两的"行用补水"款，也就是朝廷给胡雪岩的活动经费。理由是，胡雪岩已经在贷款时拿了好处，这笔钱算是双份收入，属于侵吞公款。

左宗棠是个火爆脾气，听到奏报后很生气。他认为这笔钱明明白白地记录在案，是当时委派胡雪岩办理贷款时的公费，不是公款私吞。墙倒众人推，但也不能罔顾事实，任意栽赃。

接任左宗棠出任两江总督的曾国荃也非常气愤，也上了奏折极力抨击此事，他说：

> 前值收还伊犁，俄人多狡展，和战未定，而国内外防营须饷孔殷。……前督办大臣左宗棠深恐因饷哗噪，一面慰谕各军，一面贷银接济，情形迫切，虽其所费较多，而其所全甚大。
>
> 以前两次支项，均经胡光墉具报，有案可稽。……迄今事隔数年，忽据着赔，不独胡光墉业已穷途无措，即其备抵实物骤易实银，徒作纸上空谈，追缴亦属具文。且彼恃其早经报销，不咎己之浮开，必先怨官之失信。在胡光墉一市侩耳，曾何足惜。而纪纲所在，或不得不慎重出之此番案。……属因公支用，非等侵吞。

最后，为了减轻胡雪岩的罪责，左宗棠双管齐下，于光绪十一年（1885）上了《左宗棠奏为革员胡光墉经手行用水脚等项银两实系因公欠款免缴事折》，驳斥了阎敬铭的说法，将有关的政府报告的明细也一并附录，请求皇上明察，停止追缴；同时致信阎敬铭让其停止荒唐的诋毁：

唯陕甘咨查四百万洋款内，该革道拟存水脚、行
用、补水，共银十万六千七百余两一款，前经弟查明，
均系当日禀准有案，应销之款，当经咨部查照，讵部
中无案可稽，又适值新疆修理城工需款，饬将此项银
两追缴，解甘应用。

最终，在左宗棠的不断努力下，朝廷没有继续追查。但是
一石激起千层浪，对胡雪岩的各种清算并没有因此停止，反而
时断时续，一直在进行，持续到胡雪岩身后。

光绪十一年（1885）七月，左宗棠在福州病逝。胡雪岩悲
痛不已，忧愤成疾，于同年十一月，在杭州城郊外的破房子里
凄凉离世。

身败名裂，莫为援手，宾客绝迹，姬妾云散，前
后判若两人。

胡雪岩轰轰烈烈的一生，以此话作为最终注脚。

弥留之际，胡雪岩嘱托家人"丧事从简，切勿张扬"，同时
遗训"勿近白虎"！他让自己的后人不要从商，不要从政，也
不要跟李姓通婚。繁华大梦就此结束，曾经的挥金如土、淫乱
荒诞，都烟消云散，只剩无尽的唏嘘，在江南水乡冬日的冰雨
中回荡！

2

　　有人这样总结胡雪岩的一生，说他成也钱庄，败也钱庄；成也靠山，败也靠山；成也女人，败也女人，说胡雪岩最后失败，与淫乱有很大的关系。

　　汪康年在《庄谐选录》也写道：

　　　　杭人胡某，富埒封君，为近今数十年所罕见。而荒淫奢侈，迹迥寻常所有，后卒以是致败。

　　有人认为，胡雪岩之所以被人拿住七寸打击，是因为胡雪岩的小妾泄露了其商业秘密。然而，真相已经无法探究。

　　胡雪岩死后，罗四夫人在办理好胡雪岩的丧事后以一条白布悬梁自尽，追随而去，其情悲壮，让人落泪。

　　随后，《申报》以"烈姬"为题，为其撰写了身后故事：

　　　　杭城胡君雪岩，晚年奉母家居，深居简出，颇有韩蕲王口不谈兵之慨，前日忽染沉疴，寿终正寝，胡君素多内宠，昔乎尽皆遣散，所存二三人而已。胡君既殁，有某姬，痛不欲生，誓以身殉，众人力劝，始忍泪进餐。

自胡君入殓即回房紧闭至晚未启。家人各自忙乱，亦无人问。及至黄昏后，一仆妇推门而入，见姬悬梁高挂，大惊，急唤奔集，解去其绳，抚之体已冰且僵直矣。家人见其贞烈，无不惊悲赞叹。

奚奉太夫人之命，一切棺衾从丰承殓，即枢胡君之侧矣。他日一同出殡，一遂其同穴之盟云。……胡君生平蓄姬妾不下百余至，仲其鼻息，沾其余唾，以成富家翁，作巨腹贾者，更不知几何。今于途穷日落之际，他皆视老泛交，只得一宠姬相从地下，魂而知当不尽炎凉之感矣。

胡雪岩的母亲年事已高，胡雪岩的原配也已经是位六十多岁的老人了，九姨太章夫人临危受命，成了家中的掌印夫人。

因为这份坚守，金太夫人破例允许九姨太和胡雪岩原配一样，死后与胡雪岩同穴。

胡雪岩死后究竟葬在什么地方，无人可知。

基于此，对于胡雪岩的身后事，人们又多了很多猜测。有一种说法是，胡雪岩并没有死亡，而是东渡去了日本。他在日本写成了一本商业奇书，将自己的商业智慧写在了里面。

自古以来，功成名就者，从来不缺故事，只当这诸多猜测是旁生的枝节，且不去深究。

1992 年，胡庆余堂的一名退休药工在杭州泗乡（今中村）鹭鸶岭发现了胡雪岩的墓地。后经专家考证，真实无误。

1997 年，青春宝集团胡庆余堂出资重建了墓地，并且对外界开放。

胡雪岩的一生是精彩的，他遗留下来的胡庆余堂依然发挥着积极的社会影响力；他留下的豪宅经过整修，吸引了无数人前来游览。人们从他的人生中看到了智慧、执着、坚毅、诚信和善良，也看到了骄奢淫逸、腐败和堕落。

2002 年，朱镕基总理到浙江考察，参观完毕后，他写下了这样的题词：

> 胡雪岩故居，见雕梁砖刻，重楼叠嶂，极江南园林之妙，尽吴越文化之巧，富埒王侯，财倾半壁，古云：富不过三代，以红顶商人之老谋深算，竟不过十载，骄奢淫靡，忘乎所以，有以致之，可不戒乎？

于己有利而于人无利者，小商也；于人有利，于己无利者，非商也；损人之利以利己之利者，奸商也；于己有利而于人亦有利者，大商也。

对"利"的态度不同，得到的结果也不一样。胡雪岩借"利"、使"利"，也赢"利"；既能让"利"服务于自己，也能让"利"服务于他人，可谓"大商"。

"冰海沉沦只首航，虽败犹荣只一人"，任由后人评说。

附　录　　胡雪岩大事年表

道光三年（1823）

胡雪岩出生于徽州绩溪湖里村。家境贫寒，幼时以帮人放牛为生。

道光十五年（1835）

胡雪岩的二哥胡光鼎夭折，父亲病逝。

道光十六年（1836）

十三岁的胡雪岩结束了放牛娃的生活，离开家乡，正式进入杂粮店做学徒。

道光十九年（1839）

十六岁的胡雪岩进入金华火腿行做学徒。

同治五年（1866）

左宗棠成立"福州船政局"，任命胡雪岩为总建造官，在福建马尾主持兴办船厂。

同治六年（1867）

左宗棠前往陕西平叛捻军，请胡雪岩为他购买新式武器，借款一百二十万两。

同治七年（1868）

胡雪岩再次替左宗棠借款一百万两。

同治八年（1869）

左宗棠平叛回民叛乱，胡雪岩为其购买普鲁士的后膛来复线式大炮等武器。

同治十一年（1872）

胡雪岩开始着手建造豪宅。

同治十二年（1873）

左宗棠平定回民之乱，收复新疆提上日程。

同治十三年（1874）

胡雪岩为左宗棠借款三百万两；开始筹建胡庆余堂。

光绪元年（1875）

胡雪岩的豪宅建造完成，前往绩溪续谱，却未成功。

光绪二年（1876）

盛宣怀在广济盘塘设立了开采湖北煤铁总局，胡雪岩插手此事，二人结怨。

光绪三年（1877）

胡雪岩在左宗棠的建议下成立乾泰公司，融资一百七十五万两；代左宗棠向汇丰银行借款五百万两。

光绪四年（1878）

左宗棠收复了和田，光复了除伊犁外的新疆全境。

胡庆余堂正式营业。

光绪七年（1881）

胡雪岩代左宗棠向汇丰银行借款四百万两。

曾纪泽与沙俄签订《伊犁条约》。左宗棠调职京中，担任军机大臣。

慈禧太后宣召胡雪岩进京面圣，授布政使衔，赏穿黄马褂，加二品红色顶戴，总办"四省公库"。

光绪八年（1882）

清政府收回伊犁，新疆战事正式结束。

胡雪岩修缮灵隐寺，为母亲博取一品诰命夫人的封赠，获御赐匾额。

光绪十年（1884）

文煜接管胡庆余堂，任命许奎圃为掌柜，许奎圃重新修订了《本堂阴俸定章》。

光绪十一年（1885）

七月，左宗棠在福州病逝。胡雪岩悲痛不已，忧愤成疾，于同年十一月，在杭州城郊外的破房中凄凉离世。